悲欣交集

見觀經

九月．初一日下午六时余写

弘一大师文钞

李叔同 著

团结出版社

民國廿二年元旦 弟子血且嬰行敬造

重印献辞

　　丙戌，三十五年冬。李君芳远，假沪筹印弘公诗文，颜曰《弘一大师文钞》。于今春秋电逝，尘封三十载矣。遗文迄未面世，而余以夙缘，得之一册，韫匮寒庐。深愧道心未达，徒作名山之藏，于世何益。乃于今岁伊始，发愿重为付梓，勘订脱厄，增圆遗阙。并礼庄公尚严，颁赐法书为题。而俾一读遗著诸君，仰止先德，增添福慧。

　　今诸上胜缘成就之际，私衷欢喜无量，惟愿常寂光中，弘公上人，欣然印可，欣然摄受。

陈慧剑　丙辰二月十五日　恭撰

常得正念　普行大慈

華嚴經偈集句字

一學居士供養　辛未

沙門勝臂書　時年五十又二

缘　起

李芳远

　　世间万事要有缘分，大师遗文的纂辑，远在六年前，他还在毗湖蓬山掩关的时候，我就有这意思了。

　　一个深秋的黄昏，樵夫都已下山去了，这时月亮还没起来，空山显得异常寂静；我在大师的山房的厅上，跟他谈话。就告诉他老人家那许多文字，有纂成一部集子的必要。并且问他究竟曾经写过多少文章，他的神彩很镇定，轻轻地抹一下颔下短而白得像银的胡子，略略地欹一下头。好像在用力的思索、思索着，忽然微微一笑说：

　　"都忘了……"

　　我就用舌头翻出一篇篇的名目。有在俗时候写的，有出家以后作的，他老人家很奇异似地倾听着。好像很新颖似地。喉底吐出"唔！唔！"的微音。由这可知他的"都忘了"——原是由衷之言，绝对没有一分装作。

　　这时，正有一个国际的美术展览，要在欧洲举行，印度的诗人泰戈尔要他参加，但他老人家的所谓美术作品者也，却在北平美专给人家分赃了。出家后除了勤修梵行，一切的一切都老早丢光了。这是老人对我说的，至于他以前流散人间的许多文字，自然的，也要跟那些珍贵的绘画雕塑，遭受到同样冷落的命运了。

对于遗文的纂辑，他老人家虽没反对，但也没有表示赞同。何况，那时正是烽火漫天的时候咧。

过了一年，老人移锡泉州的一间破寺，还常常与我书信往还，到了深秋的时候，老人就圆寂了。这时，我在太平村间居住，除了教课之外，颇多闲暇，因了夏丏尊先生的勉励，就心灰复燃，他说老人遗物中，最足珍者，厥为著述；并且说：收辑遗著，是未亡者之责。于是，我在热情驱使之下，就忙了半个春天。

在闽南的乡下，所能够得到的材料，毕竟有限得很，经过了几个月的工作，算一部份是圆满了。但，其时福建的印刷究不成名器，所以，我就大胆地把那一卷卷的稿子，寄给丏尊先生，要他补充，并且在沪地印行。然而，毕竟还是缺乏缘分，太平洋战争正在万分紧急，上海自然是一个多难的地方，人心惶惶，人力物力，都是不可能的事。丏尊先生坦白地告诉我，要稍为等等经济条件许可的时候做下去。等到大部分稿件亦都付刊了，不久，先生又给日本拘禁，虽然获释以后，他还是那么热诚地干，出了洋洋大观的老人书简集、讲演录、永怀录，使十方善士获得不少的法益。但文钞的声音，正像那黄昏的蓬山，是那么地寂静茫渺咧！

之后，我也因为业缘所迫，开始飘流了，关于老人遗著的工作，只好弃置一边。尘海波澜，蓦地兵戈；在酸甜苦辣的坑里混，也忽忽而过了几年。慧业丝毫没得成就，只好顾影自怜了。

　　今夏因河山光复，回到厦门去。参阅老人的一切古今珍本的藏经，在书皮上发现了许多老人的文字，又重找到许多重要的材料。于是，文钞呀文钞，这两个字——文钞就时时像灵海微音地飘忽在我的脑海了。这时，有一位刚出家的方外友善见上人，常常冒暑来我的笔架山寓看我，在厦门沦陷的八年中间，他还是依旧为山门护法，至少老人的几万卷藏在诸峰的经书，就是仗他而得安全，连虫损也很少很少。因为他的帮助，得到不少可用的材料。这时，我打算出版的有老人改徐蔚如居士编述的《南山受戒仪式》、《毗奈耶质疑》，及一部十多万言的《弘一大师年谱》，以及《弘一大师评传》，可说劳顿极了。虽然运用了不少学术辨证的工具和心血，但，总是迟迟不安，不肯轻易出书。虽然或许有不少的功德，但一毫失当，招来的过失且大。何况，以凡夫之一的我，要凭甚么眼力去窥察老人的高如山，大如海，明如月，细如毫发的梵行，以及极波谲云诡奇观的一生呢？但，雪泥鸿爪，刹那且湮，老人自生至灭的一言一行，汇合起来，至少是一首美而动人的史诗。而他所映照的中国社会，以及他个人的思想方法、人生观、宇宙观、道德观、社会观、伦理建设、艺术建设……等，要是能够穿插起来，正是一篇近代的离骚，千秋而后，应是殆犹龙而芬芳不绝咧！

　　于是，我打定主意，拟定眉目，要写一部三千五百行的史诗《海》，来纪念我们民族的灵魂艺人的他了，——因为在他那里，我始闻到灵魂真正的气味！

可是，这工作是相当艰巨，非经过三年以上的思考，恐怕还是脚踏不到实地，只得进一步把章节分好再说了。正当此时，我因为愤时愤国愤人——社会也就像海上的落日，一刻刻地昏黯下去，连一线的光明也要被吞蚀下了，几乎要蹈灵均之故居。再下，脑病又发了，每日只能在山楼抱清风，海滩浴曝，读些凉眼的书，以作疗养，一切的一切，都撇开罢了。

八月底的时候，预备再到福州来，因为自己研究的是社会科学，每日都在忙找应用参考的书。——一日，忽然收到性愿法师自岷尼剌寄给我四十万元，说要助印老人的遗著，这时我真焦急得很，因恐货价日升，钞值形态日渐消失，只好临时抱佛脚，决定来印老人的遗文了。一大堆的材料与资审书籍，叠在案上，经过一番寓目，可取的已经可以成帙，就把目录先订出来。接着，又在忙着购买飞机票，直到濒行前夕，这些材料还是不动生息，但因太重，又不能把它带上机去。于是情急智生，大施起剪刀与浆糊来了。果然只有二磅余的重量。就把它锁在箱里，送交航空公司去了。

九月八日飞抵福州。十日又开始继续工作，把文钞的内容汇成类目，这时，顶感棘手的，是所有文字，都要亲自替手民抄成一份付排的稿本。因为剪裁的纷乱，不敢随便找人抄写，又多了一层苦楚。但藉此能得细细浏览玩索文义，于今回忆起来，倒是舌根清香，不无少益了。

至于这里头所收的，计分诗、词、歌曲、赞颂、碑铭、记文、序跋、疏启、传记、论述、琐墨集锦等十一栏，诗词歌曲第十九是居俗时所作，由各种杂志里剪到的；据说在《太平洋报》上所刊最多，《民权素》等杂志里亦曾见，惜此时此地，是不可能找到一阅的。如《题梦仙花卉横幅》一首影印稿，还是在旧书铺里花七十元买来的《小说世界》残本。其他虽知有《金谷园曲》、《宝刀歌》、《圣湖清芬草》，也只待当来续收了。大师的歌风曲趣，与前人不同；尤其是根据西洋乐谱，而配合中国音律的歌词，在中国，老人还是创建者；与今不了音律而胡作乱构的人，真有天渊之殊了。只有《红菊花偈》与《留题净峰》是晚年作的。

赞颂、碑铭二汇，殆多是出家后作，散刊各佛学杂志，比较容易查获，《大中祥符朗月照禅师塔铭》一篇，在我倒是由老人的《络索丛录》（在永嘉庆福寺写）里抄出的。

记文中的《西湖夜游记》是居俗时作，三四两篇都是手稿。

序跋一汇所收最多，也可说是文钞中最珍贵最主要之一部，一些曾经披刊，为世共晓，间有一部分却是从老人的藏经里搜求得到的，对中日国际间的佛典版本考究，及其校改功夫的伟大与贡献，真要旷绝古今了。南朝以后，中国的律典因兵马之乱，开始散佚。有一部后来却流到日本去，我们只要读蕅益大师的《阅藏知津》便可以知道，像《南海寄归内法传》一类的律籍，蕅益大师就没曾过目。老人可说有特别的福缘了。在这里可使后人了知老人对修持研习的苦心与经历，衰替的南山法门，终于在几十年中经老人的大光明幢所照，真是否极泰来，在现代要算鼎盛之宗门。这些文字，真要珍比珠宝了。

疏启栏仅仅三章，后二章亦是在老人的遗稿里找到的，可使后人得知老人为道的雄心与新颖的一个格式了（案：原版"疏启"中并无后"二章"）。

传记所收计十一章，本来还有一篇《汪居士传》，因为不全，因好留待续集了。

论述栏共六章，其后二章《学有部律入门次第》，也是抄自老人手稿《络索丛录》。《余弘律之因缘》亦是在厦门山中发现的手稿。该是未刊的吧？

琐墨集锦栏是最后添置的，专收几篇文约义丰，而格式不类的散墨，亦极珍贵。

就这么一来，果然也成了一辑文钞了。而这里所包含的有老人几个时期的文字。研究老人的生活与思想文字，是一部好的学问，而最足费心者，可说是晚年或中年以后。老人于佛法中的经律论三途，均是大宗师，而样样精到，我们可以由他对各种版本一言一字的谨慎考究而知其一斑了。至老人为什么走进律的一条门径呢？马一浮先生说的：《教陵惟扶律》最善，老人自己亦曾说过，自南宋迄今七百余年中，法门陵夷，僧宝殆绝，除了扶律，是不足以言振兴了！所以，他牺牲一切，承南山坠绪，钻出鼻血，为法门树起一柱大光明幢，而南山亦果然走上庄康新运了。然而为什么老人在初是专攻有部宗呢？远溯佛陀创教以前，印度以婆罗门教最为盛行。而此教内有胜论数论二大宗派；后者特重于原因之探究，而前者则注重于要素之检讨。有部宗却也于要素之问题最为着重，然其说明又往往与胜论相似。有部宗之观点，以为世界所以成立的要素共有色法、心法、心所有法，不相应行法及无为法五种；色法又分为五根、五境及无表色计十一种。

心法又分为六种，心所有法又分为五十八种，不相应行法又分为十四种，无为法又分三种（其大体与《俱舍论》相似），还不过是教海中之一角，也可窥见教海之渊深广博，令人一见，如一叶扁舟飘摇于此茫无边际之灵海中，不禁毛发悚然。如此，要探求它的真谛，诚实不易。老人汲汲于教理之探讨，僧腊二十四年中，无日稍懈。所以，那些血汗愿力，终于替他造出一条道路，在这眇瞑的灵海中找到珍藏珠宝的岛屿了。譬如指物质而言的色法（不拘形与无形，只要能做心作用之内容，法之涵义，均能包而及之），长短方圆、青黄赤白等感官的对境。在有部宗，都系实在。曾经成为与日月并耀的因果关系，好像一条贯空的彩虹，一般咸认其实不足靠，然在有部宗却以物质的存在视之，便用无表色来说明因果关系（此与社会道德观的因果略殊）。譬如善的行为，未必就能立刻发生善的效果；往往或须经过长时期乃能出现。如此，把因果之间的必然的顺序加以连络而不使其错误者是什么东西，这在有部宗认为一种不可见、不可闻的抽象物存在，即谓之无表色。……老人在初出家的十余年中，因对教理的研索几无微不至，是致力于此有部小乘律（其事可见其《余弘律之因缘》一文），而对南山旧律咸生歧视，殆是初出家时之一种幻境，但小乘急于自度，心量较狭，不如大乘自度普度之广。终于一日，幻境既化，目力渐清而大彻大悟了。于是，老人发心重新出家，钻研南山，尽力宏扬，以赎往失。在这十几年中的纤徊曲折，在律之方面，却放射过了光芒夺目的异彩，替律门重建了坚固之基础。虽然老人认为初期的见解是一个莫大的过失；但，我想要是没有有部宗给他那么雄厚的根基，而后转学南山，他该没有这么惊天地而泣鬼神的成就了。至此，我们可知佛家破执的真谛。——老人一向未稍执着，所以他说过自己是"一片落叶，一任业风飘泊可耳"的一句法语了。

但愿得文钞者，幸勿囫囵吞枣，以寻常世典视之，务望披寻研求，逐行逐句，不可恍惚了之，自能获无量功德了。

这一部文钞终于在极端棘手之下算编成了。又正当是一个寂静的黄昏，境界与蓬山那一个黄昏并没两样，可是，谁知从那一个黄昏到这一个黄昏，在时间与空间又是多远长的距离，老人已经作了古人，他的遗文也竟然是古人之文了！因此，愈使我相信"缘"的不可强求不可想像哪！

本书的印成，曾得到陈海量兄的不少帮助，要是没有他，恐怕出书也要耽搁个把月咧！又承蔡丏因先生写一篇自己经历体味的序文，我想是导览此书以至认识老人的无上关键了。又承叶恭绰先生扶病题书，丁福保、费慧茂等先生的参加文字，共申赞仰，令读者同生欢喜心，该有无量功德吧？至于，叶圣陶先生提出的："弟于弘一大师虽尝识面，而窥见其艺心、道心处甚少，为文钞作序，非敢推辞，实难胜任。有负雅命，幸乞原恕。"在我，实已感激他的良善和真挚了。这一滴甘露，我相信会使我的"海"对灵魂探照多一分深刻的一个助缘。

民国三十五年初冬，江南弟子李芳远记于乌山梅园之孤鸾庵

案：本版目录，与李芳远居士序文所述微异；在"记文"一项，改为"记事"，"传记"则易为"传略"，用符文义也。又：本书所用标点，悉依原版未变，以副先德意愿耳。

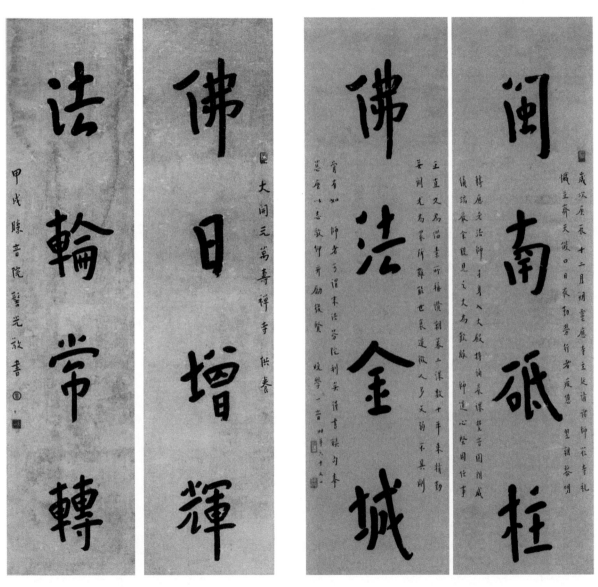

弘一《佛日法轮》四言联　　　　　　　　弘一《闽南佛法》四言联

《弘一大师文钞》序一

丁福保

　　忆昔民三十一年。日寇侵华，已逾六载。余以年衰，未及西征。蛰居海上，摒除一切外务，潜心净土，日惟诵佛。乃年之十月，忽闻弘一大师示寂闽南晋江不二祠。消息传来，心实惊悼。佛门失一导师，则此后数百年之南山律宗，又损一宗匠，继起未有其人也。大师阐发律藏之宏愿未竟，而自身之安息已证。独念等身之言行著述，治律严净。启示佛因，散佚各处。如后人欲手持一编，而读精义，未免大难。顷李居士芳远有《弘一大师文钞》之辑刊行。远道驰书，向予索序。罄竹难书，况钝根拙笔，穷生亦未能尽其万一也。

　　大师俗姓李，名成蹊，继名岸，号叔同，亦号瘦桐，又字曰息霜。丧母改名哀，字哀公，又易息翁。断食后改名欣，又名婴。原籍浙江平湖，世为天津盐商。遂籍焉，家富有，父筱楼公，入宛平学，与逊清合肥相国李文忠公鸿章，及桐城文学家吴挚甫先生为会试同年。登进士第，官吏部。俱出瑞安孙渠田门下。乐善好施，表率一方。长兄早年见背。兄子圣章，留学法国，曾为北平中法大学校长，次兄长师十二岁，先天羸弱，盖虑夭亡，公乃续娶师之生母王太夫人，年六十八，始生师。师俗家一妻，一妾日籍，二子。当师诞生时，

12

雀衔松枝降室。至师灭度时，其枝犹悬挂床头。瑞相珍贵可知。师生而颖悟，读书过目成诵。性慷慨，仗义疏财。斯则多影响于乃翁。志学之年，即痛时爱国，观其于日寇侵闽时，广书"念佛不忘救国，救国必须念佛"之句。以赠友朋，盖可知矣。戊戌政变，当道目以康梁同党，遂携眷奉母南下，赁居上海。时宝山名士袁希濂，儒医蔡小香，江阴书家张小楼等，假娄县诗人许幻园上舍城南草堂，同组"城南文社"。时大师年十九亦与焉，号称天涯五友。会课由张孝廉蒲友评定甲乙。十月赋题"拟宋小言赋"。大师写作俱佳，名列第一，尤以书法，整齐挺秀，深得汉魏六朝之神。更工篆书及石刻，而研习尤勤，稍暇即书，致各方皆以得获墨宝为快。出家后，不轻执笔。求者均书佛号经偈作答，以广结墨缘。复擅长音乐，绘事，西画尤精。晚年画佛更佳。庚子三月，与常熟乌目山僧，德清汤伯迟，及小楼、幻园、希濂等创办海上书画公会。一时名家如高邕之、朱梦庐诸先生，咸赞许入会。未几师入南洋公学肄业。诸友或入仕，或东渡留学。公会遂以停止。毕业后，与海上同志穆恕斋等设强学会于南市。讲爱国卫生，自立之道，以开风气。并附设学校，以培后进。论者贤之。乙巳年，送眷北上，而自行东渡留学。入东京美术专门肄业，兼从事音乐之研究。中国学生之入美专者，以师为第一人。并联合留日同学，创组春柳剧社，自任领班，饰旦角，演出时一时名噪中外。同时加入同盟会，日籍夫人盖于此时聘之也。毕业归国，任北洋高等工业专门学校图案主任教员。辛亥革命后，应先烈陈英士之约，回上海主《太平洋报》。并与马一浮君组天马会。藉书画以宣革命。为南社巨子。旋膺浙江师范之聘，主图画音乐七载。

校中与夏丏尊、经亨颐最相得。今之时文坛荟萃如吴梦非、金咨甫、丰子恺、刘质平、李鸿梁、李增庸、黄寄慈，皆其门下。初研宋元理学与道学。尝效留侯辟谷，犹至虎跑大慈寺断食三星期，觉并无痛苦，反增轻快，自是常往来虎跑。师之与佛结缘，自此为始。无何，马一浮先生介绍一友出家。师当时目睹，大为感动。而出家之念，又自此蒙矣。

民国七年，师年三十九岁。摒除世俗，将一切书籍衣物，分赠朋友生徒。平生所雕金石，封壁西泠印社。刊字于壁曰："印藏。"独往虎跑剃染，礼了悟和尚为师，赐法名演音，字弘一，晚年号晚晴老人。斯时也，天津与上海眷属均弗知也。继受戒于灵隐寺。从此坚修梵行。乃感末劫法因衰微，固娑婆业障之所致，亦佛弟子失检戒律以为因。即专修律乘，而归工净土。深感慨律宗自宋元堪元照之后，已难觅哲匠。明季古心律师出，力振斯道。弟子中有三昧律师者，独能光大门楣，开宝华一派。清初安庆有鼎湖派，北京有谭柘派，终不若宝华之盛。见月、定庵、松隐诸师，相继主坛，历百年传承弗替。乾隆而后，渐至式微。经太平天国，益复不振，喘息者只定式之戒期耳。而戒期末流，愈得愈滥，即非律宗，禅门亦按例举行。故求律匠，而于律宗之门，几无可得。乃发愿弘律。既无法脉传承，惟秉古人，处处脚踏实地，不闹虚浮。一恭一行，循经蹈律，必合佛制乃可。大师于癸酉年，正月初讲自编《四分律含注戒本讲义》时，观其自述讲律及未来之希望即可知矣，有谓："余出家受戒之时，未能如法，准以律义，实未得戒，本不够发扬比丘戒律，但昔日既秉承受戒之名，其后又随力修行，粗知大意，欲以一隙之明，与诸师互相研习。

甚愿得有精通律义之比丘五人出现，能令正法住也，则余之弘律责任乃竟。故余于讲律时，不愿聚集多众，只欲得数人发宏律之大愿，荷南山之道统，以为毕生事业者。余将尽其绵力，誓舍身命，而启导之。余因感前时办律学院之不易，决定不立名目，不收经费，不集多众，不固定地址，断不敢再希望大规模之举办。惟冀诸师奋力兴起，肩荷南山道统，广传世间，高树律帜，斯愿足矣。"大师生平不收徒众，不主寺刹，惟破衲一衫，草鞋露顶，随处云游，遇缘度引，先后宣讲律藏，足遍中华，历数十宝刹，思得欲振兴律宗也，当以提高僧格为第一，乃特制就《四分律比丘戒相表记》以问世，又愍在家居士之戒相太简，于是有《在家居士律要》之辑。继是之作，既拟定工作尚多，则有待于仁者之搜集刊行，非愚者如我之所知也。兹文钞有序跋、传记、碑铭、赞颂、疏启、诗词、琐墨。大师之一生翰墨，太半集于斯，诚洋洋大观，而尤以佛教之艺术，南山奥义之阐幽，及历史版本之考据为最大。至大师之言行、风格，亦可于斯略饮醍浆，啖一滴而知海味也。大师以一才情横纵之艺术家，而通中、英、日等文字，现比丘相，阐律藏，或亦我佛示范众生。但愿乘愿再来，广度有情。非敢为序，仅就所知，驳杂书此，以结净缘，略图塞责而已矣。

七十三待度无锡畴隐居士丁福保仲祜薰沐敬书于上海诂林精舍

南無阿彌陀佛

一句彌陀 我佛心要 豎徹五時 横該八教
一句彌陀 是無上禪 一生事辦 曠劫功圓
一句彌陀 微妙難思 唯佛與佛 乃能知之

歲末閉途書徹悟禪師念佛伽陀 沙門僧胤

弘一《南无阿弥陀佛》条幅

《弘一大师文钞》序二

柳亚子

　　以方外而列南社社籍者，曰湘僧永光（海印），曰粤僧铁禅，而逃释归儒之曼殊与逃儒归释之弘一。其入社时，乃咸不以方外称焉。今永光西归已久，铁禅且沦为异类，而曼殊、弘一之名，乃复大著。溯余与二人之因缘，殆有可得而言者，曼殊本香山苏氏子，父杰生，商于倭。私幸倭婵若子，是生曼殊。命河合氏给养，旋携归粤垣，年十二，礼赞初长老为僧。固弗甘食贪，旋窃其已故师兄博经者之度牒以逃，自是周历暹罗、锡兰，归而主讲杨仁山居士祇垣精舍。洎与余同游海上，时则毳衣革履，无复行脚僧故态矣。弘一俗姓李，名息，字叔同，名字屡易。浙之平湖人，父筱楼公，以名进士官吏部。弘一为孽子，生而苕秀，翩翩裘马，征逐名场，胡清末叶，尝游学扶桑，入国立东京美术专门学校，创春柳社，演《茶花女》，自饰马克，观者诧为天人。旋携倭妾以归，改元而后，余与亡友朱小屏辈创《太平洋报》据沪渎，弘一主编画报。既而刊行曼殊小说《断鸿零雁记》。复乞陈师曾作插画。见者诮僧道合作，实则曼殊早返初服，弗当复以僧名。顾亦未料语谶，乃终属诸弘一也。有言曼殊此书，弘一为润饰，斯言谬甚。如曼殊译拜伦诗，乞余杭弟子商榷，尚近事实，如《断鸿零雁记》，则何关弘一哉。曼殊逝世未十年，弘一递摈其倭妾，入西湖大慈山为僧，余亦自此不复见弘一矣。抗战军兴，弘一闭关闽海，度其六秩世腊。李生芳远，驰笺索诗。余寿以诗云："君礼释迦佛，我拜拿破仑。大雄大无畏，救世心无歧。闭关谢尘网，我意嫌消极。愿持铁禅杖，打杀卖国贼。"见者缩项咋舌，顾弘一不以为忤。亦报余一《红菊花偈》云："亭亭菊一枝，高标蟊劲节。云何色殷红，殉教应流血。"呜呼，洵可谓善知识矣。弘一既示寂，李生裒其遗著，将付梓人，乞序于余。且言弘一临终之前，恒念南社旧侣，谓余弗容无一辞。余钝根器人也，不解佛法，何足叙弘一书，无已，且举三十年论交始末，兼连类而及曼殊。聊塞李生之请云耳。宁谓佛头着粪之讥哉。

民国三十二年二月二十六日，吴江柳亚子叙于桂林

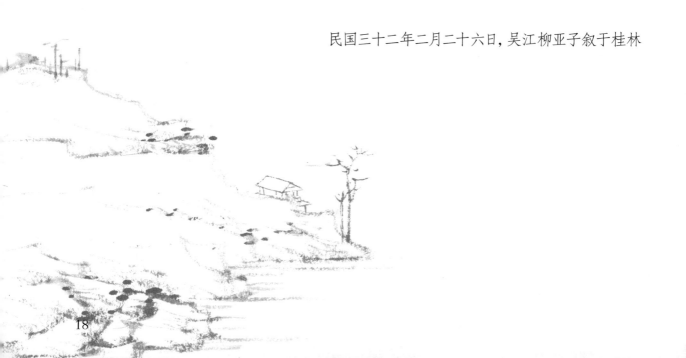

《弘一大师文钞》序三

蒋维乔

  弘一法师以名士出家，钻研律部，闲有著述。发挥南山奥义，精博绝伦，海内宗之。余于法师虽向往已久，并未谋面。而友人张小楼、袁仲廉时时称述。夏丏尊为我述法师出家因缘颇详，神交盖已数十年矣。回忆戊辰己巳间，上海清凉寺请应慈法师宣讲《华严经》，余恒往列席。某日，有一山僧，翩然莅止，体貌清癯，风神朗逸，余心异之。但在法筵，未便通话，归而默念，莫非弘一法师乎。既而，会中有认识法师者，告我曰：是也。余乃拟于散会之时，邀之谈话，而法师已飘然长往矣。是殆偶经沪渎，闻有法会，参加一二次即去。真若闲云野鹤，不可得而慕也。去岁闽南李芳远，与余通信论学，每提及法师近状，余乃附书存问。李答言法师正闭关，出关必有答复。今夏果得法师函，且赠余横披一帧。法师今年六十有三矣，而函中字迹，细若蝇头，神韵独绝，令人敬羡。芳远言正辑弘老文集，嘱为制序，余尘劳凡夫也，业重福薄，至老尚不能放下。对于法师之严净毗尼，精持梵行，徒增惶愧，安敢以不文玷污法师耶。然难违李子之请，遂略述数语以塞责。法师览此，当亦笑而颔之欤。

壬午仲夏蒋维乔法名显觉序于因是斋时年七十

分別觀內身　此中誰是我
若能如是解　彼達我有無
此身假安立　住處無方所

諦了是身者　於中無所著
於身善觀察　一切皆明見
知法皆虛妄　不起心分別

壽命日誰起　復因誰退滅
猶如旋火輪　初後不可知
智者能觀察　一切有無常

諸法空無我　永離一切相

大方廣佛華嚴經財首頌讚

歲次鶉火四月　大迴向院智炬

弘一《华严经》财首颂赞四条屏

《弘一大师文钞》序四

陆丹林

弘一法师的恒化，弹指光阴，已经是蔦裘四易了。他所遗留下的片言只字，一首诗词，一篇文章，都是给人们异常珍宝的；要是能够把它集合起来，循序的印刷流播，真是功德无量。李子芳远数年以来，孳孳矻矻的努力搜求大师的遗留文物，准备随时的整理、汇刊，这真是大师的好门徒了。

当着文集将要付印的时候，远道航函，要我写几句，我真不知如何的写，才能够表示我的心衷，只好节录《金刚般若波罗蜜经·离相寂灭第十四》第四段的话：

"是真语者，实语者，如语者，不诳语者，不异语者。"

作为我的欢喜赞叹的由衷之言。同时，对于芳远的志大愿宏，也有无限的钦敬！

民国三十五年十一月四日写于上海

《弘一大师文钞》序五

蔡丐因

　　佛非色相可求，非知见可得，而不离色相知见者，善巧方便。故知世法，即佛法也。弘一大师以艺事启人，以文字诱人，举从性海而出，无不还归于性海。故能适然当意，翕然理顺，至其不言之教，无为之化，世或未尽知。知矣而或未能尽明。则有待于后人之阐发者，盖多多焉。家藏大师遗书最多，有手写经文，与手装佛典数册。每一翻检，殊令人生赞仰心，生敬畏心，何也？至诚通神，固无间于大小也。所书率皆楷法浑厚，胎息黄庭，无一苟笔，使人躁矜之心顿释。书式长短阔狭，天地头多少，亦皆妥适无迁意。其所写《根本说一切有部戒经》，细楷精劲，如出六朝人手。扉页录先德法语，朱圈灿然，尤见密意。手装本有《华严经行愿品》《净行品》及《四分律比丘戒本》诸书，红线双扣，行直眼正，绵密如意，非卯工所及。面加日本藏经用纸，或缋佛像，或作佛塔，红云缊采，烂焉生光，亦作善财拔莲花像，吴带当风，道古高妙。谛审之，则师以浓墨钩勒者，弥见精能已。题瞟或以篆，或以楷，或倩马一浮居士书之。缋纸在面纸上，瞟签又在缋纸上。师于骑缝，各加墨匡，庄严端好，如出一纸矣。此皆金陵杨居士刊本，得是遂觉非龙宫秘阁，无此宝典。呜呼！其视佛典珍重为何如耶？又有《普门品》《弥陀经》《念佛圆通章》合刻本，书式短少，字迹陋劣，有光纸印。经题颠倒，文无起讫。师乙其错讹，正其衍夺。又重为装帧，郑重将意，一如宋元旧椠。书面端楷题曰："演音敬诵。"吾每见此，又未尝不深悔四十年读书写字，浪诵浪作，为罪无量。师在上虞法界寺，泉州雪峰寺，并补缉残经。惟日孜孜，夫惟大雅，卓尔不群，则我师志，岂可仅求之语言文字间哉。芳远先生，师之高弟，敏行粹学，昔尝称及。今搜师遗文，刊以行世，将以绍述绝学，发扬幽隐。故敢举师所以自重者，为读者告焉。

蔡冠洛时居浦东卢桥精舍

《弘一大师文钞》序六

朱剑芒

　　人生以遇合为缘。缘之有无，固不可强求。而有缘之缘，人所尽知。初未知无缘之中，亦自有其缘在也。信有缘，信无缘。信有有缘，信无无缘。进而重无缘之缘，以轻有缘之缘。其不见嗤为谬妄者几希。今以遇合言之，缘于有无之外。尚有缘浅缘深，缘久缘暂之分。而意中之缘与意外之缘，结想之缘与断而更续之缘，有不尽同焉。如"恩荣同拜手，出入最随肩。"此有缘也。"行客欲投宿，主人犹未归。"此无缘也。"少孤为客早，多难识君迟。"此缘之浅也。"举世无相识，终身思旧恩。"此缘之深也。"乱后惊相见，秋深复远行。"此缘之暂也。"以我独沉久，愧君相见频。才子方为客，将军正渴贤。"此意中之缘也。"古路无行客，寒山独见君。"此意外之缘也。"可怜江浦望，不见洛桥人。"此结想之缘也。"问姓惊初见，称名忆旧容。"此断而更续之缘也。余与弘一法师，亦有其无缘之缘。且具有结想之缘与意外之缘焉。

　　溯辛亥而后，师与柳亚子先生主沪上《太平洋报》笔政。余嗜读师之诗文，尤嗜摹师之书体。盖报端木刻字，悉出师手笔。亡友顾悼秋摹之尤神肖。后悼秋由亚子而乞得师之书扇，余未之乞。民四，余与悼秋游虎林，欲相偕访师，卒未果。民六，余执教吴门，纠朋好谋创《新天译报》，商诸亚子，拟如沪请师署报眉，拜浼作文字。既得亚子之诺，而组报事遭沮忽罢，沪行亦止。民八，余莅沪，遍诣南社诸先进，而师已皈依释氏。芒鞋破钵作行脚去矣。识师既末由，乞书益弗易。偶于朱屏子书室检得小幅，为师闭关后所书。款署一音，其书较未剃度前尤胜。余爱之甚。时屏子正漫游幽并。既归问索，则已为臧获误入败篓，付厨下作薪烧。惋惜之余，深歉余之与师，非特一面之不易谋，即戋戋一字之缘，亦如是其悭也。民廿五，余于白下经子渊先生寓庐晤朱君兆萃，朱与师为至交。故家蓄师书綦富，苟欲得师书，宽假时日，当有以报。余遂信他日者终必得师书。又讵知东南战祸突作，国内鼎沸，余辗转迁播，朱亦不谂其所之，更弗遑论师之驻锡所矣。民三十，余始来闽，乃闻师于桃源山中，掩关修律。正期有缘，一亲高轨，不卒载，而师竟迁化温陵，长隔人天矣。因写四绝挽之，人读是诗，知余亦曾隶南社，于是闻风投札者有之，以师生前轶事相询者有之，余既未尝识师，而南社丛刻及有关社事之书报，悉弃置故里，未携行箧，又何足以报人之请哉。兹李芳远先生所编师之遗文，且已杀青，必欲余为作弁言。嗟乎！余虽未及识师于生前，乃能南来闽疆，多交会识师面之友人。并得尽读钦崇师之梵行之人而为师身后掇拾而刊行之文字，其缘不至深且久乎？至余往昔曾谋访师，曾欲倩师撰文字，乞师作字幅，非所谓结想之缘乎？余于投札诸人，既未应命，而芳远先生复有斯请，非所谓意外之缘乎？今而后，吾其益信有缘之缘为不必强求。而无缘之缘，实亦无别于有缘之缘已。旷劫而后，南社旧侣已泰半零落，而师之故交如夏丏尊、经子渊亦后先凋谢。然如芳远先生辈，吾知其必不以目前所掇拾而付梓者为已足。师居闽南垂十年，慈心所及，其高超七花，英妙八解之文字，又岂在少数。甚冀更能博采广征，汇为巨制，更阅十年，脱余顽钝不死。当再为作序，而符所谓断而更续之缘也。

中华民国三十五年, 国父诞辰吴江朱剑芒序

見一切佛

昇堂上堂

大方廣佛華嚴經偈頌集句

沙門一音

弘一《見一升无》四言聯

《弘一大师文钞》题诗

费慧茂

远公本不以文名, 播写莲风字字清。

大例各宗谁继起, 唯师最妙最光明。

释家持律是心根, 师现身成不二门。

莫谓南山风不竞, 峥嵘赖此一编存。

世间万事要传人, 况听灵山演法真。

我愿师门龙象辈, 发挥遗教荷艰辛。

沪滨曾许拜袈裟, 满地嚣尘顿不哗。

弹指驹光过十载, 请持宝册早还家。

丙戌九月, 南通学人费慧茂拜稿

赠弘一律师旧偈

太 虚

圣教照心，佛律严身，
内外清净，菩提之因。

太虚重书，卅五，十，廿二

恭题弘一大师苦行图

李芳远

　　南山释演音，淡泊无能敌。

　　艺苑拜宗风，方外承声息。

　　定慧果圆融，示现波罗蜜。

　　微闻蕉叶香，不露红莲舌。

　　寒山长闭关，雪雨勤未息。

　　僧腊瞬多时，普贤行如璧。

　　春花烂漫开，一念转空寂。

　　风清月永朗，万古当如昔。

惡莫大於無耻
過莫大於多言

恩怕先益後損
威怕先鬆後緊

有真才者必不矜才
有實學者必不誇學

目 录 contents

目 录 contents

目 录 contents

目 录 contents

目 录 contents

目 录 contents

目 录 contents

目 录 contents

目 录 contents

目 录 contents

目 录 contents

目 录 contents

目 录 contents

1919 年，在杭州玉泉寺挂单的弘一法师

弘一

第一辑 诗·词·歌

长亭外，
古道边，
芳草碧连天。

诗　录

重游小兰亭，风景依稀，心绪殊恶，口占二十八字题壁，时九月望前一日也。

一夜西风蓦地寒，吹将红叶上栏干。

春来秋去忙如许，未到晨钟梦已阑。

为老妓高翠娥作

残山剩水可怜宵，慢把琴樽慰寂寥。

顿老琵琶妥娘曲，红楼暮雨梦南朝。

赠语心楼主人二首

天末斜阳淡不红，虾蟆陵下几秋风。将军已死圆圆老，都在书生倦眼中。

道左朱门谁痛哭，庭前柯木已成围。只今憔悴江南日，不似当年金缕衣。

《滑稽传》题辞四绝

斗酒亦醉石亦醉，到心唯作平等观。此中消息有盈朒，春梦一觉秋风寒。（淳于髡）

中原一士多奇姿，纵横宇合卑莎维。人言毕肖在须眉，茫茫心事畴谁知。（优孟）

婴武伺人工趣语，杜鹃望帝凄春心。太平歌舞且抛却，来向神州忾陆沉。（优旃）

南山豆苗肥复肥，北山猿鹤飞复飞。我欲蹈海乘风归，琼楼高处斜阳微。（东方朔）

《茶花女遗事》演后感赋

东邻有女背岣嵝，西邻有女犹含羞。螳蚰宁识春与秋，金莲鞋子玉搔头。

誓度众生成佛果，为现歌台说法身。孟旃不作吾道绝，中原滚地皆胡尘。

昨 夜

昨夜星辰人倚楼，中原咫尺山河浮。

沉沉万绿寂不语，梨花一枝红小秋。

春游曲

春风吹面薄于纱，春人妆束淡于画。游春人在画中行，万花飞舞春人下。

梨花淡白菜花黄，柳花委地芥花香。莺啼陌上人归去，花外疏钟送夕阳。

初 梦

鸡犬无声天地死，风景不殊山河非。妙莲华开大尺五，弥勒松高腰十围。

恩仇恩仇若相忘，翠羽明珠绣襦裆。隔断红尘三万里，先生自号水仙王。

——以上绝句十四首

七月七夕在谢秋云妆阁，有感诗以谢之。

风风雨雨忆前尘，悔煞欢场色相因。十日黄花愁见影，一弯眉月懒窥人。

冰蚕丝尽心先死，故国天寒梦不春。眼界大千皆泪海，为谁惆怅为谁颦。

二月望日歌筵赋此叠韵

莽莽风尘窄地遮，乱头粗服走天涯。樽前丝竹销魂曲，眼底欢嬉薄命花。

浊世半生人渐老，中原一发日西斜。只今多少兴亡感，不独隋堤有暮鸦。

醉 时

醉时歌舞醒时迷，甚矣吾衰慨凤兮。帝子祠前春草绿，天津桥上杜鹃啼。

空梁落月窥华发，无主行人唱大堤。梦里家山渺何处，沉沉风雨暮天西。

春 风

春风几日落红堆，明镜明朝白发摧。一颗头颅一杯酒，南山猿鹤北山莱。

秋娘颜色娇欲语，小雅文章凄以哀。昨夜梦游王母国，夕阳如血染楼台。

帘 衣

帘衣一桁晚风轻，艳艳银灯到眼明。薄幸吴儿心木石，红衫娘子唤花名。

秋来凉雨燕支瘦，春入离弦断续声。后日相思渺何许，芙蓉开老石家城。

书 愤

文采风流四座倾，眼中竖子遂成名。某山某水留奇迹，一草一花是爱根。

休矣著书俟赤鸟，悄然挥扇避青蝇。众生何用干霄哭，隐隐朝廷有笑声。

——以上七律六首

弘一

书示伯铨

世界鱼龙混，天心何不平。岂因时事感，偏作怒号声。

烛烬难寻梦，书寒况五更。马嘶残月坠，金鼓万军营。

孤山归寓成小诗书扇贻王海帆先生

文字联交谊，相逢有宿缘。（前年五月，南社同人雅集湖上，始识先生。）社盟称后学，（先生长余三十二岁）科第亦同年。（岁壬寅，余与先生同应浙江乡试，先生及第。）抚碣伤禾黍，怡情醉管弦。（孤山归来，顾曲于湖上歌台。）西湖风月好，不慕赤神仙。（近来余视现世为乐土，先生亦赞此说。）

题梦仙花卉横幅

梦仙大姐，幼学于王弢园先辈。能文章诗词，又就灵鹣京卿学画，宗七芗家法，而能得其神韵，时人以出蓝誉之。是画作于庚子九月，时余方奉母城南草堂。花晨月夕，母辄招大姐说诗评画，引以为乐。大姐多病，母为治药饵，视之如己出。壬寅荷花生日，大姐逝。越三年乙巳，母亦弃养。余乃亡命海外，放浪无赖。回忆曩日，家庭之乐，唱和之雅，恍惚殆若隔世矣。今岁幻园姻兄示此幅索为题辞，余恫逝者之不作，悲生者之多艰，聊赋短什，以志哀思。

人生如梦耳，哀乐到心头。洒剩两行泪，吟成一夕秋。

慈云渺天末，明月下南楼。（今春过城南草堂旧址，楼台杨柳，大半荒芜矣。）寿世无长物，丹青片羽留。

人 病

人病墨池干，南风六月寒。肺枯红叶落，身瘦白衣宽。

入世儿侪笑，当门景色阑。昨宵梦王母，猛忆少年欢。

——以上五律五首

乙亥四月，余居净峰，植菊盈畦，秋晚将归去。犹复含蕊未吐，口占一绝，聊以志别。

我到为植种，我行花未开。岂无佳色在，留待后人来。

辛巳初冬，积阴凝寒。贯师赠余红菊花一枝。为说此偈。

亭亭菊一枝，高标矗劲节。云何色殷红，殉教应流血。

——以上五绝二首

卷一

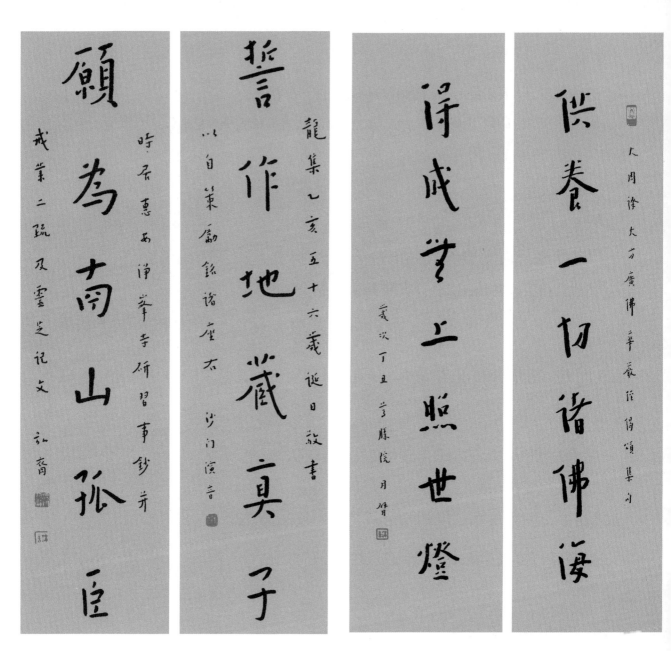

弘一《誓作愿为》六言联　　　　　　弘　《供养得成》七言联

照以智慧光

入于真實境

百福自莊嚴

諸佛常護念

歲次辛丑季仲 晚晴老人書

大方廣佛華嚴經集句

華嚴經集句 沙門証慧

弘一《入于照以》五言联　　　　　弘一《诸佛百福》五言联

词　录

菩萨蛮·忆杨翠喜

燕支山上花如雪，燕支山下人如月。额发翠云铺，眉湾淡欲无。

夕阳微雨后，叶底秋痕瘦。生小怕言愁，言愁不耐羞。

晓风无力垂杨懒，情长忘却游丝短，酒醒月痕低，江南杜宇啼。

痴魂销一捻，愿化穿花蝶。帘外隔花阴，朝朝香梦沉。

南浦月·将北行矣留别海上同人

杨柳无情，丝丝化作愁千缕。惺忪如许，萦起心头绪。

谁道消魂，尽是无凭据，离亭外。一帆风雨，只有人归去。

金缕曲·赠歌郎金娃娃

秋老江南矣，忒匆匆，喜余梦影，樽前眉底，陶写中年丝竹耳。走马胭脂队里，怎到眼都成余子。片玉昆山神朗朗，紫樱桃，慢把红情系。愁万斛，来收起。

泥他粉墨登场地，领略那英雄气宇。秋娘情味，雏凤声清清几许。销尽填胸荡气，笑我亦布衣而已。奔走天涯无一事，问何如声色将情寄，休怒骂，且游戏。

喝火令·哀国民之心死

故国鸣鹧鸪，垂杨有暮鸦。江山如画日西斜，新月撩人，窥入碧窗纱。

陌上青青草，楼头艳艳花。洛阳儿女学琵琶。不管冬青一树，属谁家。不管冬青树底，影事一些些。

金缕曲·留别祖国

披发佯狂走，莽中原，暮鸦啼彻，几枝衰柳。破碎山河谁收拾，零落西风依旧。便惹得、离人消瘦。行矣临流重太息，说相思，刻骨双红豆。愁黯黯，浓于酒。

漾情不断淞波溜。恨年年，絮飘萍泊，遮难回首。二十文章惊海内，毕竟空谈何有。听匣底，苍龙狂吼。长夜凄风眠不得，度群生，那惜心肝剖。是祖国，忍孤负。

高阳台·忆金娃娃

十日沉愁，一声杜宇，相思啼上花梢。春隔天涯，剧怜好梦迢遥。前溪芳草经年绿，只风情，孤负良宵。最难抛，门卷依依，暮雨潇潇。

而今未改双眉妩，只江南春老，谢了樱桃。忒煞迷离，匆匆已过花朝。游丝苦挽行人驻，奈东风，冷到溪桥。镇无聊，记取离愁，吹彻琼箫。

满江红

皎皎昆仑，山顶月，有人长啸。看囊底，宝刀如雪，恩仇多少。双手裂开鼷鼠胆，寸金铸出民权脑。算此生，不负是男儿，头颅好。

荆轲墓，咸阳道，聂政死，尸骸暴。尽大江东去，余情还绕。魂魄化成精卫鸟，血花溅作红心草。看从今，一担好山河，英雄造。

老少年曲

梧桐树，西风黄叶飘，夕日疏林杪。花事匆匆，零落凭谁吊。

朱颜镜里凋，白发愁边绕。一霎光阴底是催人老，有千金也难买韶华好。

玉连环影·为丏尊题小梅花屋图

屋老，一树梅花小，住个诗人，添个新诗料。

爱清闲，爱天然，城外西湖，湖上有青山。

秋柳

甚西风吹绿隋堤衰柳，江山依旧。只风景依稀凄凉时候。零星旧梦半沉浮。说阅尽兴亡，遮难回首。昔日珠帘锦幕，有淡烟一缕，纤月盈钩。

剩水残山故国秋，知否，知否。眼底离离麦秀。说甚无情，情丝蜿到心头。杜鹃啼血哭神州，海棠有泪伤秋瘦。深愁浅愁难消受，谁家庭院笙歌又。

——以上词十一首，末一首，词牌湮失，仅留题在。又秋柳以上三首疑为曲作。

013

于诸佛所修善法　以至上道化众生

晋译大方广佛华严经卢舍那佛品

壬申五月沙门亦峰集偈颂句书

弘一《于诸以无》七言联

得清净手受持佛法　具惭耻行藏护诸根

大方广佛华严经净行品偈集句

岁在壬申五月佛功德院沙门微妙书

弘一《得清具惭》八言联

歌 录

早 秋

　　十里明湖一叶舟，城南烟月水西楼，几许秋容娇欲流？隔着垂杨柳。远山明净眉尖瘦，闲云飘忽罗纹绉，天末凉风送早秋，秋花点点头。

月 夜

　　纤云四卷星河净，梧叶萧疏摇月影，剪径凉风陈阵紧，暮鸦栖止未定，万里空明人意静。呀！是何处，敲彻玉磬，一声声清越度幽岭。呀！是何处，声相酬应。是孤雁寒砧并。想此时此际，幽人应独醒，倚栏风冷。

秋 夜

　　日落秋山，一片罗云隐去。万种情怀，安排何处。却妆出嫦娥，玉宇琼楼缓步。天高气清，满庭风露。问耿耿银河，有谁引渡。四壁凉蛩，如来相语，尽遣了闲愁。聊共月华小住。如此良宵，人生难遇。

　　寒蝉吟罢，蓦然萤火飞流。夜凉如水，月挂帘钩。爱星河皎洁，今宵雨敛云收。虫吟侑

辑一

酒，扫尽闲愁。听一枝长笛，有谁人倚楼。天涯万里，情思悠悠。好安排枕簟，独寻睡乡优游。金风飒飒，底事悲秋。

忆儿时

春去秋来，岁月如流。游子伤飘泊。回忆儿时，家居嬉戏，光景宛如昨。茅屋三椽，老梅一树，树底迷藏捉。高枝啼鸟，小川游鱼，曾把闲情托。儿时欢乐，斯乐不可作。儿时欢乐，斯乐不可作。

送 别

长亭外，古道边，芳草碧连天。晚风拂柳笛声残，夕阳山外山。天之涯，海之角，知交半零落。一瓢浊酒尽余欢，今宵别梦寒。

长亭外，古道边，芳草碧连天。晚风拂柳笛声残，夕阳山外山。

幽 居

唯空谷寂寂，有幽人抱贞独。时逍遥以徜徉，在山之麓，抚磐石以为床，翳长林以为屋，眇万物而达观，可以养足。

唯清溪沉沉，有幽人怀灵芬，时逍遥以徜徉。在水之滨，扬素波以濯足，临清流以低吟，睇天宇之廓寥，可以养真。

归 燕

几日东风过寒食，秋来花事已阑珊。疏林寂寂双燕飞，低徊软语语呢喃，呢喃，呢喃。雕梁春去梦如烟，绿芜庭院罢歌弦，乌衣门巷捐秋扇，树杪斜阳淡欲眠。天涯芳草离亭晚，不如归去归故山。故山隐约苍漫漫，呢喃，呢喃，不如归去归故山。

悲 秋

西风乍起黄叶飘，日夕疏林杪，花事匆匆，梦影迢迢。零落凭谁吊。镜里朱颜，愁边白发，光阴暗催人老。纵有千金，纵有千金，千金难买年少。

晚 钟

大地沉沉落日眠，平墟漠漠晚烟残。幽鸟不鸣暮色起，万籁俱寂丛林寒。浩荡飘风起天杪，摇曳钟声出尘表。绵绵灵响彻心弦，眇眇幽思凝冥杳。众生病苦谁扶持，尘网颠倒泥涂污。惟神悯恤敷大德，拯吾罪过成正觉。誓心稽首永皈依，瞑瞑入定陈虔祈。倏忽光明烛太虚，云端仿佛天门破。庄严七宝迷氤氲，瑶华翠羽垂缤纷。浴灵光兮朝圣真，拜手承神恩。仰天衢兮瞻慈云，若现忽若隐。钟声沉暮天，神恩永存在。神之恩，大无外。

梦

哀游子茕茕其无依兮,在天之涯。惟长夜漫漫而独寐兮,时恍惚以魂驰。梦偃卧摇篮以啼笑兮,似婴儿时。母食我甘酪与粉饵兮,父衣我以彩衣。

哀游子怆怆而自怜兮,吊形影悲。惟长夜漫漫而独寐兮,时恍惚以魂驰。梦挥泪出门辞父母兮,叹生别离。父语我眠食宜珍重兮,母语我以早归。

月落乌啼,梦影依稀,往事知不知。泪半生哀乐之长逝兮,感亲之恩其永垂。

西 湖

看明湖一碧,六桥锁烟水。塔影参差,有画船自来去。垂杨柳两行,绿染长堤。飏晴风,又笛韵悠扬起。

看青山四围,高峰南北齐。山色自空濛,有竹木媚幽姿。探古洞烟霞,翠扑须眉。雪暮雨,又钟声林外起。

大好湖山美如此,独擅天然美。明湖碧无际,又青山绿作堆。漾晴光潋滟,带雨色幽奇。靓妆比西子,尽浓淡总相宜。

天 风

云瀚瀚，云瀚瀚，拥高峰。气葱葱，气葱葱，极巃嵸。苍耸耸，苍耸耸，凌绝顶。侧足缥缈乘天风。咳唾生明珠，吐气嘘长虹。俯视培塿之垒垒，烟斑黛影半昏蒙。仰视寥廓之明明，天风回碧空。

漭洋洋，漭洋洋，浮巨溟。纷矇矇，纷矇矇，接苍穹。浪汹汹，浪汹汹，攒铓锋。扬泄汗漫乘天风。散发粲云霞，长啸惊蛟龙。俯视积流之茫茫，百川四渎齐朝宗。俯观寥廓之明明，天风回碧空。

天风荡吾心魄兮，绝于尘埃之外，游神太虚。天风振吾衣袂兮，超乎万物之表，与世长遗。

落 花

纷，纷，纷，纷，纷，纷，……惟落花委地无言兮，化作泥尘。

寂，寂，寂，寂，寂，寂，……何春光长逝不归兮，永绝消息。

忆春风之日暝，芳菲菲以争妍。既垂荣以发秀，倏节易而时迁。春残，览落红之辞枝兮，伤花事其阑珊。已矣！春秋其代序以递嬗兮，俯念迟暮。荣枯不须臾，盛衰有常数。人生之浮华若朝露兮，泉壤兴衰。朱华易消歇，青春不再来。

月

仰碧空明明，朗月悬太清。瞰下界扰扰，尘欲迷中道。惟愿灵光普万方，荡涤垢滓扬芬芳。虚渺无极，圣洁神秘，灵光常仰望。惟愿灵光普万方，荡涤垢滓扬芬芳。虚渺无极，圣洁神秘，灵光常仰望。

仰碧空明明，朗月悬太清。瞰下界暗暗，世路多愁叹。惟愿灵光普万方，披除痛苦散清凉。虚渺无极，圣洁神秘，灵光常仰望。惟愿灵光普万方，披除痛苦散清凉。虚渺无极，圣洁神秘，灵光常仰望。

废 墟

看一片平芜，家家，衰草迷残砾。玉砌雕栏溯往昔，影事难寻觅。千古繁华歌休舞歇，剩有寒螀泣。

且莫道铜驼，荆棘，旧梦胡堪忆。数尽颓垣更断碣，翠华何处也。禾黍秋风荒烟落日，画出兴亡迹。

人与自然界

严冬风雪擢贞干，逢春依旧郁苍苍。吾人心志宜坚强，历尽艰辛不磨灭，惟天降福俾尔昌。

浮云掩星星无光, 云开光彩逾芒芒。吾人心志宜坚强, 历尽艰辛不磨灭, 惟天降福俾尔昌。

朝 阳

观朝阳耀灵东方兮, 灿庄严伟大之灵光, 彼长眠之空暗暗兮, 流绛彩以辉煌。

观朝阳耀灵东方兮, 灿庄严伟大之灵光, 彼瞑想之海沉沉兮, 荡金波以飞扬。

惟神, 惟神, 创造世界, 创造万物, 赐予光明赐予幸福无疆, 观朝阳耀灵东方兮, 感神恩之久长。

弘一《若欲梅花香扑鼻 还他彻骨一番寒》

弘一《名利警训》

清凉歌词五首

一 清凉

　　清凉月，月到天心光明殊皎洁。今唱清凉歌，心地光明一笑呵。

　　清凉风，凉风解愠暑气已无踪。今唱清凉歌，热恼消除万物和。

　　清凉水，清水一渠涤荡诸污秽。今唱清凉歌，身心无垢乐如何。

　　清凉，清凉，无上，究竟，真常。

二 山色

　　近观山色苍然青，其色如蓝。远观山色郁然翠，如蓝成靛。山色非变，山色如故，目力有长短。

　　由近渐远，易青为翠。自远渐近，易翠为青。时常更换，是由缘会。幻相现前，非唯翠幻，而青亦幻。

　　是幻，是幻，万法皆然。

三 花香

庭中百合花开，昼有香香淡如，入夜来香乃烈。鼻观是一，何以昼夜浓淡有殊别。白昼众喧动，纷纷俗务萦。目视色，耳听声，鼻观之力，分于耳目丧其灵。心清闻妙香，用志不分，乃凝于神，古训好参详。

四 世梦

却来观世间，犹如梦中事。人生自少而壮，自壮而老。俄入胞胎，俄出胞胎，又入又出无穷已。生不知来，死不知去，蒙蒙然，冥冥然，千生万劫不自知，非真梦欤？枕上片时春梦中，行尽江南数千里。今贪名利，梯山航海，岂必枕上尔。庄生梦蝴蝶，孔子梦周公，梦时固是梦，醒时何非梦？旷大劫来，一时一刻皆梦中。破尽无明，大觉能仁，如是乃为梦醒汉，如是乃名无上尊。

五 观心

世间学问义理浅，头绪多似易而反难；出世学问义理深，线索一虽难而似易。线索为何？现在一念心性应寻觅。试观心性：在内欤，在外欤，在中间欤，过去欤，现在欤，或未来欤，长短方圆欤，青黄赤白欤？觅心了不可得，便悟自性真常。是应直下信入，未可错下承当。试观心性：内外中间，过去现在未来，长短方圆，青黄赤白。

宋靈芝律師每日生宏律範死歸安養平生所得唯二法門

體敬石法師供養

二一老人書

二法門

弘一《靈芝二法門》

弘一法师在漳州梅园

弘一

第二辑　序·跋

晚风拂柳笛声残，
夕阳山外山天之涯，
地之角，
知交半零落。

《二十自述诗》序

堕地苦晚，又撄尘劳。木替草荣，驹隙一瞬。俯仰之间，岁已弱冠。回思曩事，恍如昨晨。欣戚无端，抑郁谁语？爰托毫素，取志遗踪。旅邸寒灯，光仅如豆。成之一夕，不事雕劖。言属心声，乃多哀怨。江关庾信，花鸟杜陵。为溯前贤，益增惭恧！凡属知我，庶几谅予。

——庚子正月漱筒识

《李庐印谱》序

繄自兽蹄鸟迹，权舆六书。抚印一体，实祖缪篆。信宿戈戟，屈蟠虬蛇。范铜铸金，大体斯得，初无所谓奏刀法也。赵宋而后，兹事遂盛。晁王颜姜，谱派灼著。新理蠡达，眇法葩呈。韵古体超，一空梵障，道乃烈矣。清代金石诸家，搜辑探讨，突驾前贤，旁及篆刻，遂可法尚。丁黄倡始，奚蒋继声，异军特起，其章草焉。盖规秦抚汉，取益临池，气采为尚，形质次之。而古法畜积，显见之于浑洒，与谧之于刻划。殊路同归，义固然也。不佞僻处海隅，昧道懵学，结习所在，古欢遂多。爰取所藏名刻，略加排辑，复以手作，置诸后篇，颜曰《李庐印谱》。太仓一粒，无裨学业，而苦心所注，不欲自蕰。海内博雅，不弃窾陋，有以启之，所深幸也。

——李庐识

汉长寿钩钩铭题记

右汉长寿钩钩铭二字，阮元案，铭作阴款。揣其制当更有一钩，文必阳识。古人合之以当符券也。癸丑五月十四日丐翁同学二十八年诞辰，摹此以祝丐翁长寿。

——当湖老人息翁

《李庐诗钟》自序

索居无俚，久不托音。短檠夜明，遂多羁绪。又值变乱，家国沦陷。山邱华屋，风闻声咽。天地顿隘，啼笑胥乖。乃以余闲，滥竽文社。辄取两事，纂为俪句。空梁落燕，庭草无人。只句珍异，有愧向哲。岁月既久，储积寝繁。覆瓿摧薪，意有未忍。用付剞劂，就正通人。技类雕虫，将毋齿冷？赐之斧削，有深企焉。

——庚子嘉平月，李庐序

《音乐小杂志》序

闲庭春浅，疏梅半开。朝曦上衣，软风入眉。流莺三五，隔树乱啼。乳燕一双，依人学语。上下宛转，有若互答。其音清脆，悦魄荡心。若夫萧辰告悴，百草不芳。寒蛩泣霜，杜鹃啼血。疏砧落叶，夜雨鸣鸡。闻者为之不欢，离人于焉陨涕。又若登高山，临巨流，海鸟长啼。天风振袖，奔涛怒吼，更相逐搏，砰磅訇磕，谷震山鸣。懦夫丧魄而不前，壮士奋袂以兴起。呜呼！声音之道，感人深矣。唯彼声音，佥出天然。若夫人为，厥为音乐。天人异趣，效用靡殊。

繄夫音乐，肇自古初，史家所闻，实祖印度，埃及传之，稍事制作，逮及希腊，乃有定名，道以著矣。自是而降，代有作者。流派灼彰，新理矗达。瑰伟卓绝，突轶前贤。迄于今兹，发达益烈。云瀚水涌，一泻千里，欧美风靡，亚东景从。盖琢磨道德，促社会之健全；陶冶性情，感精神之粹美。效用之力，宁有极矣！

乙巳十月，同人议创《美术杂志》，音乐隶焉。乃规模粗具，风潮突起。同人星散，瓦解势成。不佞留滞东京，索居寡侣，重食前说，负疚何如？爰以个人绵力，先刊《音乐小杂志》，饷我学界，期年二册，春秋刊行。蠡测莛撞，矢口惭讷。大雅宏达，不弃窳陋，有以启之，所深幸也。

呜呼！沉沉乐界，眷予情其信芳；寂寂家山，独抑郁而谁语？矧夫湘灵瑟渺，凄凉帝子之魂；故园天寒，呜咽山阳之笛。春灯燕子，可怜几树斜阳；玉树后庭，愁对一钩新月。望凉风于天末，吹参差其谁思！瞑想前尘，辄为怅惘。旅楼一角，长夜如年。援笔未终，灯昏欲泣。

——时丙午正月三日，李岸序

弘一

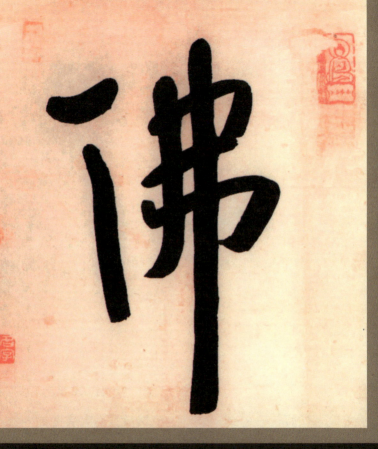

《朱贤英女士遗画集》序

壬子春，予在城东授文学，贤英女士始受予教。其后屡以书画，乞为判正。勤慎恳到，冠于同辈。未几负疾，废学家居。前年侍母朝普陀，礼观音大士，受三归依，自是信佛至笃。修习教典，精进靡间。去岁四月，余来沪，居城东。贤英过谈半日，勉以专修持名念佛，毋旁骛他法。其时贤英至心信受，深自庆幸。乃以幻缘既尽，殇于岁晚。净业始萌，朝露溘至，可叹慨也！比者，同学将集其遗画，影印辑帙，以志哀思，远征题辞于予。为记其往昔因缘如是。

——壬戌二月大慈弘一沙门演音书于温岭寮藏堂

唐人写经残本跋尾

是册为龙丁贴曼达者，曹达踪迹不可得，为转贴吴居士演定。以结法缘。

——己未大雪，弘一演音记

书南无阿弥陀佛洪名题记

明蕅益大师云：念佛工夫，只贵真实信心。第一要信，我是未成之佛，弥陀是已成之佛，其体无二；次信娑婆的是苦，安养的可归，炽然欣厌；次信现前一举一动，皆可回向西方。若不回向，虽上品善，亦不往生；若知回向，虽误作恶行，速断相续心。起殷重忏悔，忏悔之力，亦能往生。况持戒修福种种善业，岂不足以庄严净土？庚申六月，将之新城贝山掩关念佛。书此以志记念。

——大慈定慧弘一沙门演音

《四分律比丘戒相表记》序

余于戊午九月，出家落发，其年九月受比丘戒。马一浮居士，贻以《灵峰毗尼事义集要》，并《宝华传戒正范》，披翫周环，悲欣交集。因发学戒之愿焉。是冬获《毗尼珍敬录》，及《毗尼关要》。虽复悉心研味，而忘前失后，未能贯通。庚申之夏，居新城贝山，假得弘教律藏三帙，并求南山戒疏、羯磨疏、行事钞，及灵芝记，将掩关山中，穷研律学。乃以障缘，未遂其愿。明年正月，归卧钱塘，披寻四分律，并览此土诸师之作，以戒相繁杂，记诵非易，思撮其要，列表志之。辄以私意，编录数章，颇喜其明晰，便于初学。三月来永宁，居城下寮。读律之暇，时缀毫露。逮至六月，草本始讫，题曰《四分律比丘戒相表记》。数年以来，困学忧悴，因是遂获一隙之明，窃自幸矣。尔后时复检校，小有改定。惟条理错杂，如治棼绪，舛驳之失，所未能免。幸冀后贤，亮其不逮，刊之从正焉。

——时后十三年岁在甲子八月，大慈后学演音敬书

《药师如来念诵供养私记》跋

此本为日域沙门依一行仪轨而增定者，以仪轨本较览可知其本文也，撰者名字未详。

——丙子六月记，弘一

《佛说无常经》序

庚申之夏，余居钱塘玉泉龛舍，习《根本说一切有部律》，有诵三启无常经之事数则。（《根本萨婆多部律摄》卷七云："佛言：若苾刍众来及五时者，应与利分。云何为五？一打楗椎时，二诵三启无常经时，三体制底时，四行筹时，五作白时。"其余数则，分注下文。）又阅义净《南海寄归内法传》，载诵三启《无常经》之仪至详（《南海寄归内法传》云：神州之地，自古相传，但知礼题名，多不称扬赞德，何者？闻名但听其名，罔识智之高下。赞叹具陈其德，乃体德之弘深。即如西方，制底畔睇，及常途礼敬。每于晡后，或曛黄时，大众出门，绕塔三匝，香华俱设，并悉蹲踞。令其能者，作哀雅声。明彻雄朗，赞大师德。或十颂，或二十颂。次第还入寺中，至常集处，既共坐定。令一经师，升狮子座，读诵少经。其师子座，在上座头，量处度宜，亦不高大。所诵之经，多诵三启，乃是尊者马鸣之所集置。初可十颂许，取经意而赞叹三尊。次述正经，是佛亲说。读诵既了，更陈十余颂，论回向发愿。节段三开，故云三启。经了之时，大众皆云"苏婆师多"。苏，即是妙。婆师多，是语，意欲赞经是微妙语。或云"娑婆度"，义曰善哉。经师方下，上座先起，礼师子座。修敬既讫，次礼圣僧座，还居本处。第二上座，准前礼二处已，次礼上座，方居自位而坐。第三上座，准次同然，迄乎众末。若其众大，过三五人，余皆一时望众起礼，随情而去。斯法乃是东方圣耽摩立底国僧徒轨式。）因以知是经为佛世诸大弟子所习诵者，或以是为日课焉。经译于唐，其时流传未广，诵者盖罕（日本沙门最澄《显戒论》，开示大唐贡名出家不欺府官明据五十一，转有当院行者赵元及，年三十五，贯京兆府云阳县龙云乡修德里，父贞观为户身无籍，诵《无常经》一卷等）。宋元以来，殆无道及之者，余惧其湮没不传，致书善友丁居士，劝请流通。居士赞喜，属为之序。窃谓是经流通于世，其利最普，愿略述之。经中数述老、病、死三种法，不可爱、不光泽、不可念、不称意。诵是经者，痛念无常，精进向道，其利一。正经文字，不逾三百，益以偈颂，仅千数十，文约义丰，便于持诵，其利二。佛许苾刍，唯诵是经，作吟咏声（《根本说一切有部毗奈耶杂事》卷第四云：是时，善和苾刍作吟讽声，赞诵经法，其音清亮，上彻梵天。时有无数众生，闻其声者，悉皆种植解脱分善根，乃至傍生禀识之类，闻彼声音，无不摄耳，听其妙音。后于异时，憍萨罗胜光大王乘白莲花象，与诸从者，于后夜时，有事出城，须诣余处。善和苾刍于逝多林内，高声诵经。于时象王闻音爱乐，属耳而听，不肯前行。御者即便推钩振足，象终不动。王告御者曰：可令象行！答言：大王！尽力驱前，不肯移足。未知此象意欲何之？王曰：放随意去！彼即纵钩，便之给苑，于寺门外，摄耳听声。善和苾刍，诵经既了，便说四颂，而发愿言："天、阿苏罗、药叉等，乃至随所住处安乐。"时彼象王，闻斯颂已，知其经毕，即便摇耳举足而行，任彼驰驱，随钩而去），其利三。此土葬仪诵经未有成轨，佛世之制，宜诵是经（毗奈耶藏，《根本说一切有部毗奈耶杂事》卷第十八云，佛言：苾刍身死，应为供养！苾刍不知云何供养。佛言：应可焚烧。具寿邬波离请世尊曰：如佛所说，于此身中，有八万尸虫，如何得烧？佛言：此诸虫类，人生随生，若死随死，此无有过。身有疮者，观察无虫，方可烧殡。欲烧殡时，无柴可得。佛言：可弃河中，若无河者，穿地埋之。夏中地湿，多有虫蚁？佛言：于丛薄深处，令其北首。左胁而卧，以草稕支头。若草若叶，覆其身上。送丧苾刍，可令能者，诵三启《无常经》，并说伽他，为其咒愿。《根本萨婆多部律摄》卷十二云：苾刍身死，应检其尸，若无虫者，以火焚烧。无暇烧者，应弃水中，或埋于地。若有虫及天雨，应共舆弃空野林中，北首而卧，竹草支头，以叶覆身，面向西望。当于殡处，诵《无常经》。复令能者，说咒愿颂。丧事既讫，宜还本处。其捉尸者，连衣浴身，若不触者，应洗足。《根本说一切有部毗奈耶》卷第四十三云：出尊者尸，香汤洗浴，置宝舆中。奏众伎乐，幢幡满路，香烟遍空。王及大臣，倾城士女，从佛及僧，送诸城外。至一空处，积众香木，灌洒香油，以火焚之。诵《无常经》毕，取舍利罗置金瓶内，于四衢路侧，建窣堵波。种种香华，及众音乐，庄严供养，昔未曾有。）本经附文，及《内法传》（《南海寄归内法传》云：然依佛教，苾刍亡者，观知决死，当日舁向烧处，寻即以火焚之。当烧之时，亲友咸萃，在一边坐。或结草为坐，或聚土作台，或置砖石，以充坐物。令一能者，诵《无常经》，半纸、一纸，勿令疲久。然后各念无常，还归住处。），皆详言之，其利四。斩草伐木，大师所呵，筑室之需，是不获已，依律所载，宜诵是经，并说十善，不废营作，毋伤仁慈（《根本说一切有部毗奈耶》卷第二十七云：佛告阿难陀，营作苾刍，所有行法，我今说之。凡授事人，为营作故，将伐树时，于七八日前，在彼树下，作曼荼罗，布列香花，设诸祭食，诵三启经。耆宿苾刍，应作特欷拏咒愿，说十善道，赞叹善业。复应告语：若于此树，旧住天神，应向余处，别求居止。此树今为佛法僧宝，有所营作。过七八日已，应斩伐之。若伐树时，有异相现者，应为赞叹施舍功德，说悭贪过。若仍现异相者，即不应伐。若无别相者，应可伐之。又《根本萨婆多部律摄》卷第九所载者，与此略同），其利五。是经附文，临终方决，最为切要，修净业者，所宜详览，若兼诵经，获益弥广，了知苦、空、无常、无我，方诸安养乐国，风敲乐器，水注华间，所演法音，同斯微妙，其利六。生逢末法，去圣时遥，佛世方规，末由承奉，幸有遗经，可资诵讽，每当日落黄昏，暮色苍茫，抗声哀吟，讽是经偈，逝多林中，窣堵波畔，流风遗俗，仿佛遇之，其利七。是经之要，略具于斯。惟愿流通，普及含识。见者闻者，欢喜受持，共悟无常，同生极乐，广度众生，齐成佛道云尔。

——是岁七月初二日大慈弘一沙门演音，撰于新城贝多山中。时将筑室掩关，鸠工伐木。先夕诵《无常经》，是日草此序文，求消罪业。

《赞礼地藏菩萨忏愿仪》跋

改元后十年，岁次辛酉四月二十一日为亡母王太淑人六旬冥诞，敬写《赞礼地藏菩萨忏愿仪》一卷。以此功德，回向亡母，早消业障，往往西方。

——弘一释演音谨记

篆刻拓本自跋

十数年来，久疏雕技，今老矣，离俗披剃，勤修梵行，宁复多暇耽玩于斯。顷以幻缘，假立亚名及以别字，手制数印，为志庆喜。后之学者览兹残砾，将毋笑其结习未忘耶。于时岁阳玄黓吠含祛月白分日，予与丐尊交久，未尝示其雕技，今赉以供山房清赏。

——弘裔沙门僧胤并记

弘一

《寒笳集》序

壬戌之岁，尝依灵峰宗论撷写警训一卷，颜曰《寒笳集》。辛未仲秋，又为核纂，题曰《蕅益大师警训略录》。今复改集，并存二名。辇录之意，唯以自惕，故于嘉言，多有阙遗，后之贤者，幸为增订焉。

——于时后二十二年岁次癸酉四月学南山律于禾山万寿岩，晋水璎珞院沙门善臂集

《南山道宣律祖弘教年谱》（附修学遗事）跋

后二十二年，岁次癸酉，九月十九日编录，二十日录讫。匆遽据管，不无舛伪。俟后重修而订正焉。

——大华岩寺沙门演音书，时年春秋五十四初度

《佛说八种长养功德经》跋

斋经三译，繁简各殊，并有长所。尔后法护出《长养功德经》，亦其流类，唯载受八戒文，辞理辨畅，超胜旧译。净行之侣，依是诵说，盖良便矣。惜其流传未广，承用者罕。今别书写，以付玄父居士，倡缘弘布。冀使后贤，共广闻焉。（案：原版落款恐佚漏）

万古是非浑短梦
一句弥陀作大舟

十步之外芳草未歇
百年之内白发何多

弘一《十步百年》八言联

弘一《万古一句》七言联

圈点南山钞记跋

剃染后二年庚申，请奉东瀛古版《行事钞记》，未遑详研，甲子四月，供施江山。逮于庚午六月，居晚晴山房，乃检天津新刊，详阅圈点，并抄写科文，改正讹误。迄今三载，始获首尾完竣。是三载中，所至之处，常供养奉持。辛未二月居法界寺，于佛前发专学南山律誓愿。是夏居五磊寺，自誓受菩萨戒，并发弘律誓愿。腊月移居伏龙，壬申九月归卧永宁。十一月至南闽，讲含注戒本于妙释寺，讲随机羯磨于万寿岩。癸酉五月居温陵大开元寺。越二月，乃得点录校竟，并为述斯事始末，以示后贤。

——演音谨记

《五戒持犯表记》序

壬戌岁晚，幻居永宁，研寻毗奈耶藏。辄以时暇，检灵峰《五戒经笺要》，旁参有部律文等，纂辑《五戒持犯表记》一卷，区分章节。排比表相，悉出创作。意在简要，草稿既就，庋置箱箧，比以孟由居士，劝请弘布。乃披旧册，略事修治，并增《三归略义》《八戒略义》二篇，敬贻来世。冀抱瓮燋火，倘有微益。

——岁在癸亥磨祛月黑分褱瀛陁日学律沙门昙昉书

《五相经笺要》序 附例言

《五相经笺要》今有二本：金陵新刻，校点疏略，文字句读，并多讹舛；旧刻莫审所出，较前为善，而流布者希，觅求非易。今检瀛藏古本，旁考大律，详校经文，小有改订，并分章节，指序条贯，虽于文义，不无割裂，取便初学，非无益矣！别述补释三章，录于卷末，敢以浅学，响附前规，明哲倘览，幸为研尽，备其未详也。

——于时十三年岁阳阏逢沙门昙昉

附例言

一、五戒八戒，当分属于小乘，然欲秉受戒品，应发大菩提心，未可独善一身，偏趣寂灭。虽开遮持犯，不异声闻。而发心起行，宜同大士。菩提心义，委如附录灵峰文中广明。

二、归戒功德，经论广赞，泛言果报，局在人天。故须勤修净行，期生弥陀净土。宋灵芝元照律师所云：一者入道须有始，二者期心必有终。言有始者，即须受戒，崇志奉持。今于一切时中，对诸尘境，常忆受体，着衣吃饭、行住坐卧、语默动静，不可暂忘也。言其终者，谓归心净土，决誓往生也。以五浊恶世，末法之时，惑业深缠，惯习难断，自无道力，何由修证？故释迦出世五十余年，说无量法，应可度者，皆悉已度，其未度者，皆亦已作得度因缘。因缘虽多，难为造入，唯净土法门，是修行径路。故诸经论，偏赞净土。佛法灭尽，唯《无量寿佛经》，百年在世，十方劝赞，信不徒然。

三、受归戒者，应于出家五众边受（出家五众者：苾刍、苾刍尼、式叉摩那、沙弥、沙弥尼），

041

妄樂

庚午八月 華嚴經句 玄會書 時年五十

然以从大僧受者（大僧者：苾刍、苾刍尼），为通途常例，必无其人，乃依他众。若佛前自誓受戒者，惟菩萨戒。《梵网》《地持》具有明文，三归五戒，应依师受。《梵网经》云："于佛菩萨形像前自誓受戒，当以七日佛前忏悔，得见好相便得戒，若不得好相，虽佛像前受戒，不名得戒。"《瑜伽师地论》羯磨文云："若不会遇，具足功德，补持伽罗，尔时应对如来像前自受菩萨净戒律仪。"

四、受归戒者，若依律制，应于师前，一一别受。其有多众并合一时，受者盖为难缘，非是通途之制。《有部毗奈耶杂事》云："如来大师将入涅槃，五百壮士，愿受归戒，时阿难陀——学处文，准斯明文。若无难缘，未可承用。"（小注：依《成实论》及《大智论》，皆开自受八戒。《灵芝济缘记》云：成智二论，并开自受，文约无师，义兼缘碍。）

五、《优婆塞戒经》云：准斯而论，今人欲受戒者，当自量度，必谓力弱心怯，不堪致远，未妨先受一分乃至四分。若不尔者，应具受持，乃可名为戒学。岂宜畏难，失其胜益

也。

六、今人乞师证明受归依者，辄称"归依某师"，俗例相承，沿效莫返，循名核实，颇有未安，以所归依者为僧伽，非唯归依某师一人故。灵峰云：归依僧者——可云归依僧也与哉。文故已受归依者，于一切僧众，若贤若愚，皆当尊礼为师，自称弟子，未可骄慢，妄事分别。

七、今人受五戒已，辄尔披五条衣，手持坐具。坏滥制仪，获罪叵测。依佛律制，必出家落发已，乃授缦条衣。若五条衣，唯有大僧方许披服。今以白衣滥同大僧，深为未可（《方等陀罗尼经》云：在家二众入坛行道，着无缝三衣。无缝，即是缦条，非五衣也。又《成实论》云：听畜一礼忏衣，名曰钵咤，即缦条也）。若坐具者，梵言尼师但那，旧译作泥师坛。此云坐具，亦云卧具，唯大僧用。以衬毡席，防其污秽。此土敷以礼拜，盖出讹传。大僧持之，犹乖圣教，况在俗众，悖乱甚矣。（义净三藏云：尼—余用，敷地—罪。又云：床上礼拜—安可。）

八、既受戒已，若犯上品重罪，即不可忏。若犯中品、下品轻罪，悉属可悔，宜依律制，向僧众前，发露说罪，罪乃可灭，岂可妄谈实相，轻视作法？灵峰云：说一乘道（文），今于篇末，依有部律，酌定说罪之文。若承用时，未可铺缀仪章，增灭字句，是为圣制，不须僭易。

九、是编宗《五相经笺要》纂辑（《五相经笺要》一卷，明灵峰蕅益大师述）。学者宜先披寻笺要，精研其义，后取是编。对阅详审，乃可识其源流，贯其条理（《五相经笺要》，收入《在家律要》中。南京、苏州皆有刻本）。《根本有部律》文（具云《根本说一切有部》，唐义净三藏法师留学印度二十余年，专攻此部。归国已来，译传此部律文，凡廿部，二百一卷），精确详明，世称新律，故今旁参以补订之。至其全律，大僧乃可肄习。在家二众，毋宜辄览。

一〇、是编以辨明持犯戒相为主，故于异熟果报，不及帙入。欲广览者，宜别披寻大小乘经律论，委悉其因果报应之差别。若乐简者，可检《梵网合注》杀等戒法中第六异熟果报门，所引《华严》《十善业道》《大乘理趣》《六波罗蜜》诸经之文，亦可识其概略。

一一、近世以来，受归戒者，多宗华山《三归五戒正范》。曲逗时机，是彼所长。惜其仪文，颇伤繁缛。今于篇末，依《有部律》录其受法，简捷明了，不逾数行。西土相传，并依此法。匪曰泥古，且示一例，可用与否，愿任后贤。

一二、此土自唐以后，门户之见，日益深固，是此非彼，贤者未免。且如灵芝照律师承南山家业，昌明律学，功在万世。惟宗《四分》《成实》，而于《有部》俱舍，诋毁屏斥，不遗余力。窃惜其言之过失。如来在昔，常预记曰——解脱。又《文殊师利问经》，佛告文殊师利：未来我弟子——未来起明弘赞律师，释云如斯——胜益（文）。是编纂辑，多宗有部，世有习闻，灵芝之说而滞情未融者，或致疑惑。故缀述圣典，以标证焉。

（案：原版本文中，凡破折号——，似皆代替弘公原稿之文字久湮或省略，从阙。）

旭光室额跋

余来三衢，未一谒宰官居士，惟治行前朝，尝过莴庐乞吴明经书旭光室额。于时朝曦入檐，沈寒在袖。明经扫地焚香，举笔拜手，而后落墨。曰："吾书未工，诚意为贵也。"明经字子弓，年七十九，通宋明性理之学。

晚晴院额跋

唐人诗云："人间爱晚晴"，髫龄之岁喜诵之。今垂老矣，犹复未忘，亦莫自知其由致也。因颜所居曰晚晴院，聊以纪念旧之怀耳。书者永宁陶长者文星，年九十三。陶长者既为余书晚晴院额，张蔚亭老人，并写此副本。耆德书翰，集于一室，弥足珍玩，不胜忭跃。

——沙门弘一识

《四上人诗钞》题跋

禅宗诸师所撰诗偈，多寓玄旨，非思量卜度能了知也。或惟玩其藻，冲穆清逸，亦足淡世情而遗荣利。寄尘居士，近辑《四上人诗钞》，以巧方便，导俗砭世，意至善也。昔初剃染，披寻雪窦语录，于其诗偈有能默诵者。犹忆一绝云："六合茫茫竟不知，灵山经夏是便宜。虚堂夜静闲无事，留得禅僧立片时。"是所谓空灵觉悟也。寄尘之辑，倘亦有感于斯。用志数言，以墨其端。

—沙门如眼书

金陵刻《华严疏钞》题记

甲子秋月，富阳丁居士群孚，颁赠金陵刻《华严疏钞》二百四十九卷，供养晚晴院者，既以半载，今岁中春，开元盛法师过言欲习《华严》，无力觅求。余闻其胜行，随喜赞叹，出昔所藏付之。尔后有所检寻，辄披《频伽大藏》或扶桑《续藏》。斯二藏本，校点未精，反复玩索，弥损心力。比者，海盐周居士玲荪，复以金陵刻钞为檀施，欢受顶戴。余以多幸，数感灵文，自庆宿因，岂不怅跃。清凉云："不入余人之手"。《出现品》云："此法门不入一切余众生手，唯除诸菩萨摩诃萨。何幸捧而持之！积行菩萨犹迷，何幸探乎幽邃。亡躯得其死所，竭思有其所归。其犹溺巨海而遇芳舟，坠长空而乘灵鹤。庆跃之至，唯圣贤之知我也。"讽斯玄言，弥益悲恋。谨以题记，奉之没齿。

——太岁在乙丑十一月九日，永宁沙门昙昉敬书

弘一

《李息翁临古法书》序

居俗之日，尝好临写碑帖。积久盈尺，藏于丐尊居士小梅花屋，十数年矣。尔者居士选辑一帙，将以锓版示诸学者，请余为文冠之卷首。夫耽乐书术，增长放逸，佛所深诫。然研习之者能尽其美，以是书写佛典，流传于世，令诸众生欢喜受持，自利利他，同趣佛道，非无益矣。冀后之览者，咸会斯旨，乃不负居士倡布之善意耳。

——岁缠鹑尾，如眼书

弘一

《小梅花屋画本》跋

庚午五月十四日，丐尊居士四十五生辰，约石禅及余至小梅花屋共饭蔬食。石禅以酒浇愁，酒既酣，为述昔年三人同居钱塘时良辰美景，赏心乐事，今已不可复得。余乃潸然泪下，写《仁王般若经》苦空二偈贻之。

生老病死，轮转无际。事与愿违，忧悲为害。欲深祸重，疮疣无外。三界皆苦，国有何赖。有本自无，因缘成诸。盛者必衰，实者必虚。众生蠢蠢，都如幻居。声响皆空，国土亦如。

——永宁沙门亡言，时居上虞白马湖晚晴山房

《四分律拾毗尼义钞》跋

比丘尼观愿录写科文，今略校正，未及详审。或恐犹有讹误，且俟他日，更复披寻钞文，一一对勘，以补其阙略也。于时癸酉七月十三日，剃染十五周年，居温陵尊胜院。

——是岁八月二日手装并题，演音

岁次甲戌八月，对日本《续藏经》校勘一过，于是衰病缠绵，精力颓弊，多有未尽，俟后当更详审耳。

——八月二十一日校竟并记，时居晋水兰若

《华严集联三百》序

割裂经文，集为联句，本非所宜。今循道侣之请，勉以缀辑。其中不失经文原意者虽亦有之，而因二句集合遂致变易经意者颇复不鲜。战兢悚惕，一言三复，竭其努力，冀以无大过耳。兹事险难，害多利少，寄语后贤，毋再赓续。偶一不慎，便成谤法之重咎矣。

华严全经有两译：一晋译，有六十卷三十四品；二唐译，有八十卷三十九品。若其支流，一品别译者凡三十余部。唯唐贞元译《普贤行愿品》四十卷传诵最广。盖是晋、唐译全经中《入法界品》别译本也。今所集者，都三百联。自晋译《华严经》偈颂中集辑百联（附录四联，原文连续，非是集缀）。自唐译经偈颂中集辑百联（附录集品二十五联，为前百联之余；又附八联，原文连续，非是集缀）。自唐贞元译《华严经·普贤行愿品》偈颂中集辑百联（附录二联，原文连续，非是集缀）。后贤书写者，于联句旁，或题曰"某译《华严经偈颂》集句"，或题曰"某译《大方广佛华严经》某品某品偈颂集句"。集字勿冠经名之上，昭其敬重耳。

辑录联文，悉依上句而为次第。唯唐贞元译七言末四联，补集后写，未依经次。字音平仄，惟调句末一字，余字不论。一联之中，无有复字。唯晋译八言第一，重如字，以义各异，姑附存之。

只句片言，文义不具；但睹集联，宁识经旨。故于卷末，别述《华严经读诵研习入门次第》一卷。惟愿后贤见集联者，更复发心，读诵研习华严大典。以兹集联为因，得入毗卢渊府，是尤余所希冀者焉。

——于时岁次鹑首四月二十一日大回向院胜髻书

發心求正覺

忘己濟群生

菩提心文為書此共相勖焉

己卯仲春居月臺別院興

妙蓮法師同研習裴相勸發

集華嚴句 一音時年六十

弘一《發心忘己》五言聯

永嘉庆福寺缘册题序

庆福之名，志乘不载。今所传者，嘉道间事耳。逮乎清季，寂山上人驻锡是间，整顿清规，增筑精舍，勤修净业，广行众善。又复建莲池会，劝导缁素，一心念佛，求生西方。远绍庐山之遗轨，近媲法雨之高躅。胜名流传，遍及中国。承其劝导，临终正念，示现瑞相往生莲邦者，时有所闻。懿欤盛哉！上人光显法门，阐扬佛化，功在万世矣。余于辛酉。参学永嘉，依止上人，同住十载。尔者城垣渐废，观瞻不尊。寺主因弘贤首，与上人谋，将欲重建殿宇，易其方位，以协形相。为立缘册，集募资财。凡诸善信，当必生欢喜心，随力而助。所获功德，无量无边矣。

温陵刻《圆觉了义经》跋

性愿大德，劝诸禅侣，共刊《圆觉了义经》梵式大字册，敬题偈颂，以申称赞。

如来决定境界，十方菩萨归依。乃至分别半偈，所有功德难思。惟愿见闻欢喜，随力读颂宣说。现世金刚守护，当来花开极乐。

——岁次壬申五月大华严寺沙门一音并志

《地藏菩萨圣德大观》序

后二十一年，岁次壬申九月，余居峙山。上海李圆净居士来书，谓将助编《九华山志》，属为供其资料。自惟剃染已来，至心归依地藏菩萨十有五载，受恩最厚。久欲辑录教迹，流传于世，赞扬圣德，而报深恩，今其时矣。后二月，云游南闽，住万寿岩，乃从事辑录。都为一卷，题曰《地藏菩萨圣德大观》，将付书局别以刊布，并贡诸圆净居士备采择焉。

《人生之最后》弁言

岁次壬申十二月，厦门妙释寺念佛会请余讲演，录写此稿。于时了识律师卧病不起，日夜愁苦。见此讲稿，悲欣交集，遂放下身心，屏弃医药，努力念佛，并扶病起，礼大悲忏，吭声唱诵。长跪经时，勇猛精进，超胜常人。见者闻者，靡不为之惊喜赞叹，谓感动之力有如是剧且大耶。余因念此稿虽仅数纸，而皆撮录古今嘉言及自所经验，乐简略者，或有所取。乃为治定，付刊流布焉。

——弘一演音记

东瀛《四分律行事钞资持记通释》序

昭和九年（逊国后二十二年）九月，自扶桑请获是书，都十册二十卷，珍逾拱璧。爰以暇日，略为校点。冀后贤披寻，无有壅滞，而南山圣教弘传不绝耳。

——晋水沙门弘一演音敬记

是书写本，未录撰述人名。《佛教大辞汇》载，相传为照远撰。照远律师传，如《律苑僧宝传》及《招提千岁传记》所载。传谓照远撰《资行钞》二十八卷，释《事钞记》；《警意钞》十七卷，释《戒疏记》；《显缘钞》二十卷，释《业疏记》（在此方元季）。或疑此《通释》二十卷非照远撰。一以传中未有撰《通释》之言；一以《通释》中，引《资行钞》文者，则标"资行曰"，其述己意者，则标"私曰"。区别显然，可见《通释》撰于《资行》之后，另是一人所撰述也。扶桑律师释《事钞记》者，尚有英心撰《资览决》五卷，《通释》中亦常引用也。

——丙子七月记时居古浪日光别院

《梵网经菩萨戒本》序 凡读经者应先读序文

诸佛子等合掌至心听，我今欲说诸佛大戒序。众集默然听。有知有罪尝忏悔，忏悔即安乐。不忏悔，罪至深。无罪者默然。默然后，当知众清净。诸大德优婆塞、优婆夷等谛听：佛灭度后，于像法中，当应尊敬优婆罗木叉、波罗提木叉者，即是此戒。持此戒时，如暗遇明，如贫得宝，如病得差，如囚系出狱，如远行者得归，当知此则是众等大师。若佛住世。无异此也。怖心难生，善心难发。故经云：勿轻小罪，以为无殃。水滴虽微，渐盈大器。刹那造罪，殃坠无间。一失人身，万劫不复。壮色不停，犹如奔马。人命无常，过于山水。今日虽存，明亦难保。众等各各一心，勤修精进，慎勿懈怠懒惰睡眠纵意。夜既摄心存念三宝，莫以空过，徒设疲劳，后代深悔。众等各各一心，谨依此戒如法修行，应当学。

《梵网经菩萨戒本疏》跋尾

清初时，日本所传《梵网经戒本疏》，惟有天台、法藏、明旷、太贤四家之作，而义寂疏罕有流传。贞享初元，双丘知足庵沙门洞空，尝于洛东禅林经藏得见此疏，惜多虫损，亦有脱落。乃请城北宏源法师为补遗文，密严妙辨律师详为校正。遂于贞享元年（清康熙二十三年）刊版传世。日本唯此孤本。《续藏经》及大正新修《大藏经》皆据此本也。数年前居永嘉时，曾校点数过，今复再勘，仍未详尽，俟后当更研耳。

——癸酉十二月二十一日演音书

弘一

055

《四分律行事钞资持记》跋

岁次甲戌，自扶桑国请奉古写本《钞记》《通释》及《济览》，乙亥正月居万寿岩，与此刊本互校，以蓝线一一标记，至四月二十一日乃竟。与四年前抄录冠科起讫之月日悉同。无意巧合，非是改造。因缘殊胜，诚不可思议也。

——演音时居净峰敬记

第二次复与《通释》《济览》详校，自乙亥四月二十二日至五月十日，又自八月十四日续校至九月三日乃讫，犹未能精密校正，俟后再补校也。时将去净峰。是岁九月二十六日，补标黄点竟。十月四日去净峰。辛未正月抄录冠科至四月二十一日录竟。是日适为亡母七旬冥诞，以此功德回向。

愿母早证菩提。

——演音

《随机羯磨疏》跋

《随机羯磨》，今所传者，有数本。敦煌石室写本（北京图书馆藏）、旧宋藏（宋崇宁三年刊，日本宫内省藏）、高丽藏（宋绍兴二十一年刊）、宋藏（宋熙宁三年刊）、元藏、明藏，及宋碛砂藏、清藏，并明清别刊本等。宋元诸藏讹舛极多。明藏虽稍校正，亦多妄改。唯高丽藏较为完善。天津刻经处徐蔚如居士，曾披诸本参互考订，以丽藏为主，而参用他本之长，并接南山《业疏》及《灵芝记》以为指归（后跋文中具详）。历时年余，乃成此册。正古本之歧误，便初学之诵习。弘护律教，功在万世。居士校刊诸书近二千卷，当以此册为最精湛。而扶衰救弊之功亦最伟矣。今复检日本《大正新修大藏经》，详为覆校，与旧宋藏及宋、元、明藏并南山《疏钞》《灵芝记》文，稽密审定，稍有修改，俾臻完璧。学者读此，应生难遭之想。宋、元、明藏本中，此书讹误最多，舛错脱落，满纸皆是，唯有掩卷兴叹，束置高阁。若无今新校订本，决定无人能诵习者。南宋已后，南山律教渐以湮没，殆由是耶？余以夙幸，获读新校订本，欢喜忭跃，叹为希有！誓愿尽未来际，舍诸身命，竭其心力，广为弘传。更愿后之学者，奉持此册，珍如珠璧，讲说流布，传灯不绝。俾吾祖律教可以光大炽盛，常耀世间耳。

——岁次甲戌五月十日沙门演音敬书

《四分律行事钞资持记随讲别录释题》跋语

《四分律删繁补阙行事钞资持记》，四分律即律题，删繁补阙行事钞即钞题，资持记即记题。上十字为所解本文，下三字即能解之记。

四分律，如常释。删补者，示异古也。行事者，行以运造为义。事即对理彰名，然事通善恶，此唯善事，又局戒善也。钞有二义：一采摘，二包摄也。资持者，资以助发为义，持即对犯彰名也。

《梵网经古迹记》附戒宗要 跋

日本延宝三年（清康熙十四年）古刊本。《续藏经》即据此本，略有校正。《大正新修大藏经》亦依此古本也。今刊本据《续藏经》，复为勘订之。兹检《大正新修大藏经》校对，校竟并记。

——甲戌五月二十三日，弘一

是岁十二月，依延宝八年（清康熙十九年）刊《宗要关解》，及宝永四年（清康熙四十六年）刊《宗要资粮钞》校对。七日校讫并记。

——时居禾山万寿岩，弘一

《四分律行事钞资持记本考》后序

今复依下记数种校对：日本《续藏经》原本（此本所据者，为日本贞享三年刊钞记会本。贞享三年，即此土康熙廿五年），日本宽文十年刊，大谷大学藏本（日本《大正新修大藏经》中所载，宽文十年为清康熙九年），日本德川时代刊，宗教大学藏本（德川时代亦为清初），宋绍兴三年癸丑五月十六日明州奉化香岩兰若刊《行事钞》及宋刊《资持记》（日本宫内省藏本），以上两种乃依日本《大正新修大藏经》校勘异同表所载者也，又《毗尼关要》《四分律比丘尼钞》，上二，据日本《续藏经》中所载。今依上数种校之，若决定讹字者，则即改正。若彼此文虽不同而义皆可通者，则标注上端以备参考焉。尚有敦煌写本《行事钞》，北平图书馆藏，今犹未能检寻对校，为憾事耳。岁次甲戌佛涅槃日始校，迄于五月三日，为灵峰蕅益大师圣诞，校勘都讫。

——弘一并记

《四分律含注戒本》序

　　敦煌石室古写本，有二本，皆未完全。一本，至"单提十五"止，与今本不同处甚多，未能与疏记吻合，或是贞观八年初出之本欤？一本，至"单提三十九"止，标云卷上（永徽二年重修本，都为二卷，后人改为三卷），其中多据《四分大律》随意改写，其改写处亦多与疏记未能吻合，反不如今之善也。兹检第二本，与今本略为校订，仅及"大淫戒"止，稍有采用。"大盗戒"下，改写极多，以其与疏记未合，亦不复详为检寻矣。

——甲戌十月二十四日，依敦煌唐本校竟并记（乙亥七月八日居净峰标点竟），演音

　　《含注戒本》日本古刊本，有德川时代又安永二年会本等。今对校之，择善而从，俾便初学传习耳。

——甲戌五月六日校讫并记，弘一

《律相感通传》跋

日本贞享三年（清康熙五十七年），高淳慈元师得诸本对校，成此稿本。乞龙山沙门慧淑撰序，而梓行之。《续藏经》即据此本。今刊本即依《续藏经》，并参彼校勘文而略有改正也。兹复检日本大正《大藏经》校对。校讫并记。

——甲戌五月二十三日，月臂

《四分律行事钞资持记》题首

南山撰述中屡引《明了论疏》。灵芝云："未见。"今考高丽义天（与灵芝同时）新编《诸宗教藏总录》载："律二十明了论义记五卷，真谛述。"海东有本。即此疏也。日本古目录屡云："律钞简一卷。道宣述。"灵芝记中亦未说及。甲戌六月二十六日，依《律宗会元》校讫，稍有改正。至（上一之一）分卷数字，为日本会本所定，所刊本依此。于题目下，增写"卷第一"三字。虽非古本原式，而眉目清楚，故不删去（下列卷第二等亦尔）。吾国及日本古版，皆钞记别行。逮日本贞享丙寅岁，日本泉州神风寺比丘慈光瑞芳，以钞记异部，学者对阅未便，乃会合钞记。并冠灵芝科文于上，刊版行世。日本《续藏经》所载者，即此本也。天津刻经处刊本，依《续藏经》而复校订。又以原本上冠科文，雕版未易，遂尔删去。今以朱笔补写焉（以下四页，依则安律师科文以标圈点句勒，学者应与科文对阅可耳）。

——弘一演音书

《行宗记》题跋

二十二年癸酉八月十五日，初依仪轨为众诵菩萨戒本。是夕，校点《行宗记》竟，粗具眉目，俟后有暇，再当覆校补点可耳。

——时居尊胜院，弘一

《一梦漫言》序

师一生接人行事，皆威胜于恩。或有疑其严厉太过，不近人情者。然末世善知识多无刚骨，同流合污，犹谓权巧方便，慈悲顺俗，以自文饰。此书所述师之言行，正是对症良药也。儒者云：闻伯夷之风者，顽夫廉，懦夫有立志，余于师亦云然。

九月五日编录年谱撷要讫。复校阅《一梦漫言》，增订标注。九月十三日写《随讲别录》二纸竟，卧床追忆见月老人遗事，并发愿于明年往华山礼塔。泪落不止，痛法门之陵夷也。

——弘一并记

《一梦漫言》跋

曩见经目，载《一梦漫言》，意谓今人所撰导俗书也。因求得一册，披卷寻诵，乃知为明宝华山见月律师自述行脚事也。欢喜踊跃，叹为希有。反复环读，殆忘饮食。悲欣交集，

061

涕泪不已。因略为科简附以眉注，并考舆图，别录行脚图表一纸。冀后之学者，披文析义，无有壅滞耳。

——甲戌八月十日披诵讫，二十五日录竟并记，时居晋水兰若

《华山见月律师年谱摭要》跋

甲戌九月，依《一梦漫言》及别传摭录。唯举梗概，未能详耳。《漫言》上卷，自记年岁数次，可为依据，今编年谱，准此推衍。下卷谓顺治七年五十岁者，或有舛误，以待后贤改订焉。

——晋水尊胜院沙门亡言

《华山见月律师行脚图》跋

甲戌八月二十三日，依《一梦漫言》对觅舆图编录，翌夕录竟。粗线示行脚所经之地，至入丹徒海潮受戒为止。已下未画粗线，恐致淆乱，学者自寻可耳。又随侍三昧老人往各地开戒，诸地名等，亦未列，因限于篇幅也。

——沙门一音时居晋水兰若并记

《庄闲蘩诗手书〈法华经〉》序

十法行中，一者书写。考诸史传，魏唐之际，书写经典，每极殷诚。先修净园，遍种楮树，香草名华，间杂交植，灌以香水。楮生三载，香气四达，乃造净屋，香泥涂地，觅匠制纸，斋戒沐浴，盥漱薰香，易服出入。剥楮取皮，浸以香水，竭诚漉造，经岁始就。又筑净台，于上起屋，乃至材瓦，悉濯香汤。堂中庄严，幡盖铃珮，周布香华，每事严洁。书写之人，日受斋戒。将入经室，夹路焚香，梵呗先引，散华供养，方乃书写。香汁合墨，沉檀充管，下笔含香，举笔吐气。逮及书就，盛以宝函，置诸香厨，安于净室。有斯精诚，每致灵感。或书写时，字字放光；或见天神，执戟警卫；或感瑞鸟，衔花供养。大众仰瞻，咸发弘愿，披函转读，恒灿异光。如是灵迹，史传备载。尝复寻览，辄为忭跃。虽未能至，心向往焉。妙道女士，书《法华经》，端严精粹，得未曾有。尔将影印，弘传流布。为记先范，冠于卷首，以勖来者，随力奉行。俾获感祐，利有情耳。

——后二十三年岁次甲戌晋江尊胜院沙门月幢时年五十有五

扶桑本《四分律资持记》跋

岁次丁丑正月十六日，自瑞穗国请是律籍，都十二册（内阙一册）。为清康熙九年刊版。求诸彼邦，亦希见也。《大正新修大藏经》所载者，即据此古本也。后贤幸共宝诸。

——弘一

為發大悲意 勤求無上道
遠離諸妄想 隨順於眾生

增長福智芽 必獲菩提果
令修習德行 入涅槃城

弘一《增长令修》十言联　　弘一《为发远离》十言联

扶桑本《南海寄归传解缆钞》序

《寄归传》者，为唐义净三藏所撰。扶桑译者有二家，饮光《解缆钞》四卷及某氏《讲录》二卷也。友人施资十八金，向其中堂书林请得写《本钞》四卷都八册，并《科文》一卷。希世之珍，后贤幸宝藏焉。

——岁次甲戌书于南陡石室，沙门弘一

扶桑本《南海寄归传解缆钞》跋

密宗所学说一切有部（受体随行）要轨，此书最为精要！学有部律者，当以是为阶梯也。

——丙子七月，弘一

《鼓山庋藏经版目录》序

佛典雕刊木版，昔人唯称宋刻。近年于敦煌石室发见佛典，有唐末及五代刊者，乃知刻经始自唐末。然东国扶桑，于神护景云四年，已刊《无垢净光经》《陀罗尼》四种。其古印本犹存法隆寺中。考彼时代，当吾唐国大历五年，较敦煌发见者尤胜，遂为世界最古佛典雕版焉。尔后东国扶桑，历宋迄清，雕版日盛，印传之本，于今颇有存者，而珍逾珠璧，残楮一卷，值及数百，乃至千金。良由彼土学者，博闻好古，深识雕版意趣。近今且有《宁乐刊经史》等诸书传布，为佛典雕版系统之研考。而吾国缁素犹未闻于此少加意者，不其憾欤？昔年余游鼓山，览彼所雕《法华》《楞严》《永嘉集》等楷字方册，精妙绝伦。以书法言，亦足媲美唐宋，而雕工之巧，可称神技。虽版角有少腐阙者，亦复何伤，弥益古趣耳。又复检彼巨帙，有清初刊《华严经》及《华严疏论纂要》《憨山梦游集》等。而《华严疏论纂要》，为近代所希见者。余因倡缘印布，并以十数部赠与扶桑诸寺，乃彼邦人士获斯秘宝，欢喜忭跃，遂为摄影镂版，载诸报章，布播遐迩。因是彼邦佥知震旦鼓山为庋藏佛典古版之宝窟。然鼓山经版虽驰誉于异域，而吾国犹复湮没无闻。逮及前岁，李圆净居士乃劝请观本法师往住鼓山，理整经版，并辑目录，以开流布之端绪。尔者目录辑就，虚云、观本二老人，悉有序言。圆净复请余别书弁辞，以赞鼓山雕版殊胜，为略述之，未尽意耳。

——岁次甲戌十二月晋水尊胜院沙门演音

《四分律删补随机羯磨序》 依敦煌本校改

甘肃敦煌有鸣沙山，山麓有三界寺。寺旁有石壁千余，壁雕佛像。胜朝光绪庚子岁，因扫积沙，于破壁处，见藏书甚多，皆唐宋及五代写本，亦有雕本，佛经尤夥。盖西夏兵革时，保存于此也。壁书既已发现，遂多为英法日本学者将去。吾国人更往搜求，精好之本已不可得矣。残余诸本，送存北京图书馆。昔年曾编《敦煌写本佛经草目》一卷刊行。惟完整之本，不可多得。又写本中，错讹脱简，充于篇帙，校勘刊本非易事耳。删补《羯磨》，敦煌石室藏有唐人写本, 惟存上卷及下卷末页。今由北京刻经处, 检津刊本与之对校, 既竟, 请余为酌定取舍。因汰其错杂, 择其可依准者, 录入此册, 以备参考焉。

——甲戌七月十三日, 剃染十六年, 演音敬记

《净宗问辨》序

古德撰述, 每设问答, 遣除惑疑, 翼赞净土, 厥功伟矣。宋代而后, 迄于清初, 禅宗最盛, 其所致疑, 多原于此。今则禅宗渐衰, 未劳攻破, 而复别有疑义, 盛传当时, 若不商榷, 或致诖乱。故于万寿讲次, 别述所见, 冀息时疑。匪曰好辨, 亦以就正有道耳。

《龙裤国师传》叙

念西法师, 今之南闽高僧也。专弘净业, 著作甚富。近以所撰《龙裤国师传》见示, 披卷讽读, 叹为希有。文笔朴拙, 不假修饰, 弥益古趣。丰德性常律师, 拟以付刊流布, 而资亡母冥福。孝思肫诚, 尤足多焉。为题卷端, 以志欢赞。

——岁次乙亥十月惠安净峰沙门一音

《壬丙南闽宏法略志》序

余以宿缘, 三游南闽。始于戊辰, 次为乙巳, 逮及壬申, 是最后矣。迄今丙子, 首尾五

载。辄不自揆，常预讲筵。尔将掩室，因缘弘法略志，都为一卷。以奉契诚居士，匪曰伐德，亦志吾过，思忏悔耳。去岁弘法惠安，尝记其事，别赠词源贤首。彼所载者，是册悉阙略也。

——岁集玄枵夏首，南山律苑沙门一音

手书《僧伽六度经》跋

此经为敦煌写本，今存英伦博物馆。范成法师获得摄影，将刊石置于南通狼山僧伽大圣道场，属为书写。余以暗短，未由辨其文字，后之贤者，幸审订焉。

——丙子胜音并志

手书《金刚经》跋语

岁次丙子三月二十一日敬书，四月初八日书讫。以此功德，回向亡友金咨甫梦畴居士。愿彼业障消除，往生极乐世界，早证无上菩提，普度一切众生。

——沙门演音弘一并记

咨甫，浙金华武义人。弱冠游杭，学于高师艺术科。扶桑本田氏授手工，赞其精绝，求诸彼邦，未之有也。尔后任杭州师范兼女学歌乐教师二十年。尝语余曰："始任教师颇多佳兴，近唯颓倦耳"。余来南闽，旷绝音问。甲戌九月，印西上人书来，谓咨甫卧病半载，艰苦备历，已谢世矣。遗嘱请余写经，为其回向佛道。忽忽二载，及于今夏，书写乃讫，并志缘起焉。

——龙集玄枵木槿荣月，演音，时掩室古浪日光院

《佛学丛刊》序

甲丙之际，自扶桑国请奉古刻佛典万余卷，多明季清初刊本，求诸彼邦，见亦罕矣。尔者世界书局主纂辑《佛学丛刊》，乃检三本，付以写钞锓版。一曰《释门自镜录》，唐怀信述，彼邦沙门圆仁《入唐求法请来录》亦载是书，谓为唐惠详集，未审何是。安永元岁壬辰八月维清乾隆三十七年，扶桑平安庆证寺玄智校刊，并续补十七则附于卷末。一曰《释氏要览》，宋道诚集，宽永十岁癸酉三月，维明崇祯六年雕版。一曰《释氏蒙求》，宋灵芝撰，元本有蠹灭者，扶桑义空校补，宽保元岁辛酉三月，维清乾隆六年模刻。《自镜录》及《蒙求》，《续藏经》中虽亦辑存，而校雠颇疏。今依古刻，倘差胜耶，局主纂辑丛刊，其意至善。以末世学者恒厌烦广，而乐简文，又复艰于资财，怖求廉直，故辑丛刊，唯选经律论译本，及此土撰述卷帙少而易领解者，复精密校刊，廉其直价，广以流布。阐传佛法，利益众生，局主弘愿，盖如是也。余以夙幸，值斯胜缘，岂无忭跃？故述所怀，爰题序云。

——后二十五年岁集玄枵木槿荣月，沙门髻严，时掩室古浪日光别院

弘一

如我心无厭

於未来受苦

间苦終不厭

生一念之意

與一牧一蟻

而作苦事况

復人耶行

於世间善有

障得如空中

月出於雲翳

大方廣佛華嚴經

勝鬘居士供養

歲次大辰一音書

弘一《大方广佛华严经》经文摘句

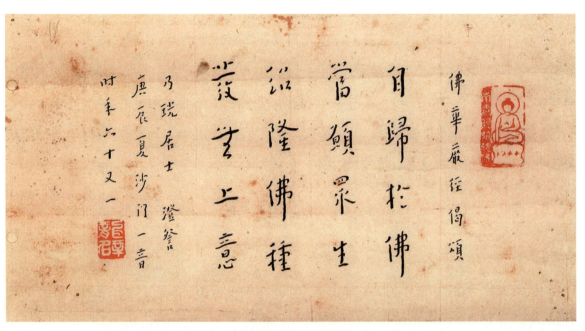

弘一《华严经》偈颂

扶桑春日版《梵网经古迹记》序

日域籐原朝末，互镰仓时代（当此土宋及元初），于南都兴福寺等雕刊者，曰春日版。后迄德川时代（此土清初）有摹拟春日体版式，以佳楮墨而印制者，亦因其名也（春日版义，彼邦学者，颇有异说，如大屋德城宁乐刊经史所述）。此本依正安四年（此土元成宗大德六年）古刊覆刻。若以彼邦律宗戒学院所藏古刊较之，可知其书体版式悉同，唯详审字画小有差殊耳。版式依折本制，每折十行。今改印方册，倍其数也。覆刊时代未详，殆明初欤？此本卷端，书金山天宁常住者，考彼邦天宁寺，历临济宗妙心派。在丹波国天田郡上川口村，又名紫金山，故曰金山天宁也。逊国后二十五年岁次丙子二月，善友施资五十金，向日东其中书林请得此本。为记缘起，冀诸后贤，共珍奉焉。

——是岁六月补题，弘一

扶桑本《表无表章文集》序

表无表章，为唐窥基法师《大乘法苑义林章》中之一也。论表无表之色体，详述大乘法相戒律。扶桑古代别讲此章者，始于解脱上人。此章注疏，彼土甚多：有《栖玩记》一卷（守千）、《科文》一卷（已名）、《文集》二卷（叡尊）、《铨要钞》六卷（善圆）、《显业钞》六卷（龙空）、《笔谈》二卷（同上）、《报恩记》八卷（湛慧）、《钞》六卷（亡名）、《助讲》二卷（惠隆）等。

——丙子九月十九日记，时居日光院

扶桑本《表无表章铨要钞》序

扶桑国延宝刊本《铨要钞》六卷，虽未及木活字古本朴雅，亦足珍玩，因并请来藏奉。书中未列撰述人名。案是钞六卷为扶桑善圆法师撰。

——丙子四月二十八日记，弘一

扶桑本表无表色章（本）跋

《表无表章》，为学诸律仪者之要典，后贤幸研习而弘传焉。

——丙子七月，弘一

扶桑本《表无表章报恩记》跋

此写本不署撰述人名。今考《报恩记》八卷，为扶桑湛慧法师撰。

丙子四月二十八日记，弘一

《大乘阿毗达摩杂集论》序

日域宽永十年，慈眼大师天海，承德川将军命，于东叡山宽永寺开雕木活字版《大藏经》，历十九载。逮庆安四年（此土清顺治八年）藏事。为彼邦之最初藏经雕版，又称倭藏。

印制无多, 遂尔解版。彼邦存者, 仅数藏耳。残本断简传于世者, 亦甚珍秘。今获此卷, 岂无庆跃耶?

——是岁六月, 居日光别院, 弘一

扶桑国藏《古袈裟图稿本》跋尾

依《三宝物具钞》古本写, 原尺寸有不正确处, 皆未改正, 冀存古本之旧形。其中图形不尽与别记尺寸符合, 唯可见其大略。又帉纽应安帖角中间, 乃适宜也。

——丁丑八月十日, 居齐州湛山寺, 弘一

《羯磨略例》跋

以上所集略例数种, 匆促属稿, 未暇详审。又以老病缠绵, 精神昏愦。其中文义, 未免讹误脱略。俟后再为精密研审而修正也。

——丁丑三月初九日, 编写既竟, 并记, 弘一

扶桑《普贤行愿赞梵本私考》序

有唐末叶, 扶桑僧侣尝入唐土习秘密教。而不空三藏所译《普贤行愿赞》及梵字元本, 亦遂因是流传彼邦。稽其请来目录数种, 可历见也。丁丑岁首, 余自扶桑其中书林请奉

《普贤行愿梵本私考》一卷。首列梵字及不空译文，附载东晋《文殊师利发愿经》并贞元《行愿品别译偈颂》，以资考证。卷末有梵字校异数纸，依贞永元年（此土南宋穆宗）写本、永和五年写本（此土明太祖洪武十二年），并高野山古本，雠校同异焉。是书为扶桑高僧钦元尊者辑订，古传谓弟子慧日尼书。而近人一道庵主，考辨此卷笔迹，疑是尊者弟子智幢，非慧日尼所写本也。又谓卷册横端书名，颇似尊者御笔。横端所书"日贝赍"为"普贤赞"略字，彼邦习用者也。诸说虽未能仓卒断定，而为扶桑古僧手写真迹，盖可无异议也。尊者曰慈云，真言宗正法律始祖，享保三年生（此土清圣祖康熙五十七年），博通显密，尤精律教。朝夕诵梵字《普贤行愿赞》等以为日课。其诸事迹，具为《续日本高僧传》所云。

《盗戒释相概略问答》跋后

发心学律已来，忽忽二十一载。衰老日甚，学业未就。今撷取南山、灵芝撰述中诠释"盗戒戒相"少分之义，辑为《盗戒释相概略问答》一卷。义多阙略，未尽持犯之旨。后此赓续，当复何日。因录太贤、蕅益二师遗偈，附于卷末，用自策励焉。

——岁次己卯残暑沙门一音，时年六十，居永春蓬峰

弘一

《梵网戒本汇解》序

戊寅夏尾，圆晋居士邮书温陵，并所辑《梵网戒本汇解》，请为校定。时余方避乱龙溪，翼年转徙毗湖。逮及今岁夏首，有人自温陵归者，乃赍居士书至，阁置两载，未尝佚失，终获展诵，诚胜缘也。汇解宗天台云栖、灵峰诸撰述，而条理疏治之。匪唯利导初机，亦足资益宿学。余以衰病，未及翔校。略述其概，聊志赞喜云。

——岁次寿星木槿荣月，沙门一音书

手写《佛说梵网经菩萨心地品菩萨戒》

庚申七月，同学弘伞义兄丧母，为写《佛说梵网经菩萨心地品菩萨戒》一卷，并诵是戒，以无日课。惟愿福资亡者，得见诸佛，生人天上。

——演音敬记

附马一浮居士诗

要识如来种，应观孝顺心。拨炉惟见火，废井乃无禽。

教陵惟扶律，情忘在饮针。豪端留舍利，万本示丛林。

弘伞大士出音上人写《梵网经》属题，率缀短句。

——甲子仲冬，湛翁

常護諸佛法
大方廣佛華嚴經集句

恆塗淨戒香
傳貫法師朗鑒晚晴老人

萬善迴向西方
沙門一音書時年六十

一心執持名號
善見法師淵鑒己卯五月

弘一《常護恆塗》五言聯

弘一《一心萬善》六言聯

又吴昌硕居士诗

昔闻乌柏称禅伯，今见智常真学人。光景俱忘文字在，浮提残劫几成尘。

四十二章三乘参，镌华石墨旧经龛。摩挲玉版珍珠字，犹有高风继智昙。

——乙丑首夏读梵经书二绝句，吴昌硕时年八十三

又王一亭居士诗

禅参苦行仰诸天，字字梵音悟妙玄。写到心经如见佛，功夫十倍坐蒲团。

音上人手书《梵网经》全部，馨香虔诵，敬书二十八字，藉结胜因。

——乙丑夏仲，王震

题过化亭跋

泉郡素称海滨邹鲁。朱文公尝于东北高阜，建亭种竹，讲学其中，岁次倾圮。明嘉靖间，通判陈公重建斯亭，题曰"过化"，后亦焚于兵燹。迩者叶居士青眼欲复古迹，请书亭额补焉。余昔在俗，潜心理学，独尊程朱。今来温陵，补题"过化"，何莫非胜缘耶？

——逊国后二十四年，岁在乙亥，沙门一音书，时年五十有六

温陵刻《普贤行愿品》跋

戊寅正月元旦始，讲《普贤行愿品》于草庵。二月一日始，复讲此品于承天寺。三月一日始，讲《华严》大意于清尘堂，并劝诸善友集合读诵《普贤行愿》十万部，可谓殊胜之因缘矣。于泉州先后印行《普贤行愿品》共千数百册，普施大众随喜读诵。以上所有功德，悉皆回向法界有情，惟愿灾难消除，身心安豫，同生极乐世界，速证无上菩提。

——慧水大华严寺沙门一音并记

为杨白民书座右铭跋尾

古人以除夕当死日。盖一岁尽处，犹一生尽处。昔黄檗禅师云：预先若不打彻，腊月三十日到来，管取你脚忙手乱。然则正月初一便理会除夕事不为早。初识人事时便理会死日事不为早。那堪荏苒苒苒，悠悠扬扬，不觉少而壮，壮而老，老而死，况更有不及壮且老者，岂不重可哀哉！故须将除夕无常，时时警惕，自誓自要，不可依旧蹉跎去也。

余与白民交垂二十年，今岁余出家修梵行，白民犹沉溺尘网。岁将暮，白民来杭州，访余于玉泉寄庐，话旧至欢，为书训言二纸贻之，余愿与白民共勉之也。

——戊午除夕雪窗大慈演音

弘一

《地藏菩萨本愿经白话解释》序

乙巳九月，余来崎山，居金仙寺。翌日，宅梵居士过谈，赍彼所作五言古诗一卷，余谓其能媲美陶王，求诸当世未之有也。是岁十月，天台静权法师莅寺，讲《地藏菩萨本愿经》义。余以本愿章疏，惟有科注一部，渊文奥理，未契初机，乃劝宅梵撰白话解，而为钤键。逮于明年，全编成就，乞求禾中古农长者以剗正之。尔将付刊，请书序言。为述昔日斯事因缘，以示后之学者。

——于时后二十二年，岁次癸酉二月贤首院沙门胜臂

梦后书《华严经》偈跋尾

菩萨发意求菩提，非是无因无有缘。于佛法僧生净信，以是而生广大心。

不欲五欲及王位，富饶自乐大名称。但为永灭众生苦，利益世间而发心。

常欲利乐诸众生，庄严国土供养佛。受持正法修诸智，证菩提故而发心。

深心信解常清净，恭敬尊重一切佛。于法及僧亦如是，至诚供养而发心。

深信于佛及佛法，亦信佛子所行道。及信无上大菩提，菩萨以是初发心。

岁次癸酉正月八日，移居妙释寺。是夜余梦身为少年，偕儒师行。闻后有人朗诵《华严》偈句，审知其为《贤首品》文。音节激楚，感人甚深，未能舍去。与儒师返，见十数人席地聚坐，中有一人操理丝弦，一长髯老人即是歌者，座前置纸，大字一行，若写《华严经》

名。余乃知彼以歌而说法者，深敬仰之，遂欲入座。因问听众：可有隙地容余等否？彼谓：两端悉是虚席。余即脱屦，方欲参座，而梦醒矣。回忆《华严贤首品偈》，似为发心行相五颂，因于是夜篝灯书之。愿尽未来际，读诵受持，如说修行焉。

——演音

慈说

　　岁在娵訾十月，余来三衢，居大中祥符，始识江山王居士。尔后复归莲花，居士时复损书咨询佛法，并乞命名。因名曰"慈"，字曰"慈根"。尔将入山埋遁，居士哀恋，请释其义，以志念焉。《华严经·修慈分》云：凡有众生，为求菩提，而修诸行，愿常安乐者，应修慈心，以自调伏。如是修习，于念念中，常具修行六波罗蜜，速得圆满，无上正觉。《观无量寿经》云：上品上生者，有三种众生，当得往生。一者，慈心不杀，具诸戒行。夫如来制戒，不杀为首，而上品上生，亦首云不杀。故知修慈心者，戒杀为先。居士勖哉！以是勤勉自励，并以告诫他人。守慈一行，戴荷终身，可谓不负其名矣。珍重！

——大慈沙门弘裔书

《惠安宏法日记》序

　　乙亥四月，传贯学弟请余入惠安弘法，始居净山半载，又须奔走乡村，虽未能大弘佛化，而亦随分随力小有成就。适将掩室日光岩，词源居士以素帖属书。词源惠人，因择录旅惠日记付之，聊以为纪念耳。

——岁次玄枵月旅姑洗，南山律苑沙门一音

手书《十善业道经》跋

南皖崔居士，余故友也。逊国改元而后，余住钱塘湖上，数与居士函问往反。逮及披剃，检所庋藏图书珍玩贻之。居士因奉佛法，集余遗物，别陈一室，中供佛像，焚香诵经。并率族众，依余亲教大慈老人禀受三归。后数载丧母，余为撰《崔母往生传》。翌年，居士亦逝，音问绝矣。岁次甲戌十月，乃获义方禅人书，禅人居士长子也。以余昔为居士写经一卷，尝欲影印，而愿未果。禅人今将流布，请为绪言，述其因缘。余喜故人有子，出家离俗，影印写经成就先愿略记往事，以酬答焉。居士讳祥鸿，字旻飞，长芜湖商业学校，性情温和，沉默寡言，人皆爱敬，甫及壮年，遂尔淹谢，其遗行具如余所撰《崔孝子墓铭》，不委述也。

——尊胜院沙门一音书

《佛说大灌顶神咒经》跋

此经计十二卷。《灌顶梵天神策经》第十。佛在因沙崛山中，梵王请出梵结愿一百偈以为神策，佛赞许之。遂说九十九卦，每卦八句，神应异常。今特录出流通（《阅藏知津》卷十二），《梵网合注》释第三十三"邪业觉观戒",不得作卜筮云。开遮者,或见机益物等。又出家人欲决疑虑,自有《圆觉经》拈取标记法、《占察经》掷三轮相法及《大灌顶经梵天神策》百首,可依用之也。

——弘一记

《韩偓全传》序

癸酉小春,驱车晋水西郊,有碑矗路旁,题曰"唐学士韩偓墓道"。因忆儿时居南燕,尝诵偓诗,喜彼名字,乃五十年后七千里外,遂获展其璠墓,因缘会遇,岂偶然耶?余于晚岁居南闽,偓以避地亦依闽王而终其身,俯仰古今,能无感怆。尔者高子胜进,撷偓遗事。辑为一卷,余览而善之,略述所见,弁其端云。

《大方广佛华严经入不思议解脱境界普贤行愿品观自在菩萨章》序

此《观自在菩萨章》,依《华严经·普贤行愿品》撷录。是品有三译:一为晋译,二为唐译,皆名《入法界品》,三为唐贞元译,即是今本,具云《入不思议解脱境界普贤行愿品》。今取《善财童子参观自在菩萨章》,别为一卷,冀与《法华经·普门品》并以流通焉。是章之前,为《毗瑟底罗居士章》。居士既为善财童子广说三昧境界已,复谦己推胜。其次,乃劝教趣入,指示后友,即是本章大文第一。

案《清凉疏》科判，"恋德礼辞"已上之文，皆属前章。而依此节录，删其前文，颇有未安。尔后别检云华《搜玄记》旧科：初明劝教趣入，二依教进入。即将前文括入此章之内，则辞义完整，极为适宜矣。故今甲、乙二科，悉宗云华旧式。丙科已下，仍依《清凉》。

此经译文有与梵本少异者，《清凉疏》中颇加辨正。今依疏文，改订二处：一"离诸病怖"下，原译文有"离懈怠怖"四字。《清凉疏》云：梵本旧经皆无此"懈怠怖"。懈怠何畏？若谓懈怠乃是智人，今准删去（今印本当第三页第二十一行）。二偈文中，"如是之人"等二句，原译文无，今准疏增入（今印本当第六页第四行）。

是章所说"普门示现"之义，较诸《法华》尤为广备，故《清凉疏》云：或以布施下，即普现之义。有十一句（今印本当第三页第十一行讫于第十六行），初四即"四摄摄"，次六即"三业摄"，后一即"万类摄"。然此十一，方法《华严经》三十五应，乍观似少，义取乃多。谓三十五应，乃是此中或现色相及说法耳。五又三十者，略举大纲。万类殊形，岂当局定。悲门摄广，此土缘深。未有倾心不蒙济，愿常称念，思其法门。

——岁次壬申三月大华严寺沙门亡言敬记

《佛说阿弥陀经义疏撷录》序

隋唐已来，释小本《弥陀经》者数十家。而云栖《疏钞》、幽溪《圆中钞》、灵峰《要解》，尤为时贤推重。但《疏钞》繁广幽奥，《圆中钞》《要解》，亦复义理精微，非始学所能通贯。唯我律祖灵芝元照大师所出《义疏》，无多高论，妙协经宗，善契初机，深裨后进。惜夫南宋以降，此土佚失不传。元照诸师咸未丰见。逮及清季，乃自扶桑奉返，刊版金陵。三十年来，犹无讲解流布者，岂不以其文约义丰，言近旨远，未有训释，无由弘传耶？甲戌岁晚，余得扶桑国古刊《义疏闻持记》会本。《闻持记》者，南宋戒度、法久二律师撰述，以释《义疏》，诠解详明，曲尽疏旨。时禾山万寿岩主，方以讲说《阿弥陀经》劝请，余乃披寻《义疏》，兼考记文。依彼遗轨，随力敷讲。岩主并请别辑《义疏撷录》一卷，将镂版弘布，以被乐简之机。纂录既讫，为述往缘，用示后贤焉。

——于时后二十四年龙集乙亥春正月，晋水沙门僧胤居禾山万寿岩念佛堂

普勸諸仁者

同發慈悲意

笑棠居士索覽

戊寅春 沙門一音

弘一《普勸同發》五言聯

集录三种序

被剃已来，烦恼习强。尝取经律及以古哲言教，简录其要，而自克治。净土法语，亦并综集。始于己未八月，越二年辛酉十月写讫。凡为三卷，先后糅杂，不复次第。尔以暇日，甄其义类，分别编构，题名拣之。克除习气者，曰《秋草集》。策修净业者，曰《晚晴集》。灵峰先师《宗论》之言，节录一卷，曰《寒笳集》。四明天初居士，见而累叹，劝请刊布。因粗述始末，以贻来哲。

——太岁乙丑星纪之岁木槿荣月，大慈僧弘裔

手抄《释四分律行事钞科跋》语

此科上中下各四卷，都十二卷。辛未正月抄录。以目力昏花，仅写二卷，怅然而已。

——演音敬记于兰皋法界讲寺

1938 年，弘一法师与性常法师合影于泉州

第三辑　杂著

人生难得是欢聚，
唯有别离多。

赞　颂

《地藏菩萨九华垂迹图》赞

一　示生王家

佛灭度后千五百年，地藏菩萨降迹新罗王家。姓金，名乔觉。躯体雄伟，顶耸奇骨。尝自诲曰："六籍寰中，三清术内，唯第一义与方寸合耳。"赞曰：

天心一目，普印千江。

菩萨度生，遍现十方。

此土垂迹，盖惟唐代。

示生新罗，王家华裔。

幼而颖悟，力敌十夫。

披弘誓铠，戴智慧珠。

二　航海入唐

唐高宗永徽四年，菩萨二十四岁（今列纪年，依《神僧传》。较宋《高僧传》先六十余年。良由传闻有异，纪载乃殊耳），落发，航海入大唐国。赞曰：

示现出家，而得解脱。

乃眷唐土，涉海西发。

一帆破浪，万里乘风。

大哉无畏，为世之雄。

三 振锡九华

菩萨至江南池州东青阳县九华山，而好乐之，迳造其峰，觅得石洞，遂居焉。赞曰：

江南山青，九华殊胜。

乃陵绝顶，披榛辟径。

有谷中地，可以栖迟。

在山之阳，在水之湄。

四 闵公施地

阁老闵让和，青阳人，九华山主也。菩萨向乞一袈裟地，公许之。衣张，遍覆九华，遂尽喜舍。公子求出家，名曰道明。今圣像左右侍者，道明及闵公也。赞曰：

大士神用，不可思议。

遍覆九华，一袈裟地。

檀那功德，奕叶垂芳。

常侍大士，庄严道场。

五 山神涌泉

菩萨尝为毒螫，俄有妇人作礼馈药，云："小儿无知，愿出泉资用，以赎其过。"妇，山神也。赞曰：

九华山中，有泉甘冽。

匪以人力，而为浚渫。

翳昔山灵，点石神工。

清泉潺潺，萦带高峰。

六 诸葛建寺

村父诸葛节，率群老自麓登高，见菩萨独居石室，有鼎折足，以白土和少米烹食之。相惊叹曰："和尚如斯苦行，我等山下列居咎耳。"遂共建寺。不累载，成大伽蓝。赞曰：

空山无人，云日绮靡。

村老寻相，探幽庶止。

乃构禅宇，龙角宝梁。

胜境巍巍，普放大光。

七　东僧云集

新罗国僧众闻之，相率渡海请法。其徒且多，食有未足。菩萨乃发石得土，色青白，不碜如面，聊供众食。赞曰：

化协神州，风衍东国。

缁伍云集，禀道毓德。

有法资神，无食资身。

号枯槁众，为世所尊。

八　现入涅槃

玄宗开元二十六年（《宋高僧传》作德宗贞元十九年），七月三十夜，召众告别，加趺示寂。时山鸣石陨，扣钟嘶嘎，群鸟哀啼，春秋九十九。赞曰：

法身常住，言相悉绝。

随众生心，示现生灭。

化事既息，应尽原还。

灵场终古，永镇名山。

九　造立浮图

肃宗至德二年,示寂后二十岁,建塔南台。塔成,发光如火,因名岭曰"神光"。赞曰:

树窣渚波,供养舍利。

法化常存,真丹圣地。

神光岭表,青阳江头。

灵辉仰瞻,万祀千秋。

十　信士朝山

菩萨垂迹九华,迄今千载。信心缁素,入山顶礼者,接踵而至,岁无虚日焉。赞曰:

慈风长春,慧日永曜。

此土缘深,常被遗教。

若川趣海,若星拱辰。

万流稽首,四方归仁。

我抒颖毫,式扬圣业。

以报慈恩,而昭来叶。

一切功德,回施含灵。

同生安养,共利有情。

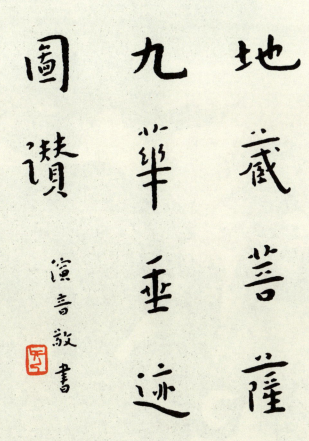

地藏菩薩
九華垂迹
圖讚

演音敬書

弘一

一示生王家

佛滅度後千五百年地藏菩薩降迹
新羅王家姓金名喬覺軀體雄偉
頂聳奇骨嘗自誨曰六籍寰中三清
術內惟第一義與方寸合耳讚曰

天心一月　　晉印千江
菩薩度生　　偏現十方
此土垂迹　　蓋惟唐代
示生新羅　　王家華裔
幼而穎悟　　力敵十夫
披弘誓鎧　　戴智慧珠

二　航海入唐

唐高宗永徽四年菩薩二十四歲今月紀年依沖傳陵宋高僧傳先六十餘年良中使間有英記載那珠乃落髮航海入大唐國

讚曰

示現出家　而得解脫
乃眷唐土　涉海西邁
一帆破浪　萬里乘風
大哉堂晨　為世之雄

三振錫九華

嘗讀石江南地枕東青陽

縣九華山兩妙樂之遙遠其

筆覺浮石洞遂居焉讚曰

江南山青九華珠勝

乃凌絶頂披榛闢徑

有谷中地可以棲遲

在山之陽在水之湄

弘一

四　閩公施地

閩老閩讓和青陽人九華山主也嘗以信向之一帔袈裟地盡所許

之衣張偏覆九華遂書喜捨

公子求出家名曰道明今聖像

左右侍者道明及閩公也讚曰

大士神用　不可思議

偏覆九華　一帔袈裟地

檀那功德　奕葉垂芳

常侍大士　莊嚴道場

弘一

103

五一　山神湯泉

菩薩常為毒螫　俄有婦人

作礼饋藥云以兒無知願

出泉資用以贖其過婦山神

也讚曰

九華山中　有泉甘洌

匪以人力　而考浚渫

翳昔山靈　點石神三

清流渥之　縈帶高峰

六 諸葛建寺

村父諸葛節率羣老自慧登
高見菩薩擗居石室有鼎析
迺以白土和少米煮食之相驚
歎曰和尚如斯苦行我等山下
列屋皆自逸共建寺不累戴
成大伽藍讚曰

空山苦人　雲日修廉
村老相尋　探出庭址
乃構禪宇　龍楠寶梁
勝境巍乙

普放大光

七 東僧雲集

新羅僧眾剏之相率渡海請
法其徒且多食有未足舉簞
乃炊石浮土色青白不礙如
麵郇供眾食讚曰

化協神州　風衍東國
緇伍雲集　稟道毓德
有法資神　豈食資身
巍桔橋眾　為世所尊

弘一

110

八現入涅槃

玄宗開元二十六年元十九年 七月三十夜召眾告別加趺 示寂世山鳴石隕扣鐘嘶頹峯 鳥喪帝春秋九十九讚曰

宗高傅住作德宗貞

法身常住　　言相悲絕

隨眾生心　　示現生滅

化事既息　　應盡源還

靈塲终古　　永鎮名山

九　造三浮圖

肅宗至德二年宗殯後二

十歲建塔南臺塔成嘗光

如火因名領曰神光讚曰

樹寧堵波　供養舍利

法化常存　真丹聖地

神光嶺表　青陽江頭

靈輝仰瞻　萬祀千秋

十信士朝山

菩薩垂迹九二華迄今千載信心緇素入山頂礼至接踵而至歲無虛日讚曰

慈風長春　慧日永曜
此土緣深　常被遺教
差川趨海　若星棋辰
萬流稽首　四方歸仁
我抒穎毫　敷揚聖業
以報慈恩　而昭來業
一切功德　迴施含靈
同生安養　共利有情

李卓吾像赞

由儒入释，悟彻禅机。

清源毓秀，万古崔巍。

西泠华严塔写经题偈

十大愿王，导归极乐。

华严一经，是为关阖。

大士写经，良工刻石。

起窣堵坡，教法光辟。

深心随喜，功德难思。

回共众生，归命阿弥。

题大方广室诗初集

芳远童子出示诗草，为说此偈。

一言一字，莫非实相。

周遍法界，光明无量。

似镜现相，如风画空。

如斯妙喻，乃契诗宗。

悲智颂 己巳十月，重游思明，书奉闽南佛学院同学诸仁者。

有悲无智，是曰凡夫。悲智具足，乃名菩萨。我观仁等，悲心深切。当更精进，勤求智慧。

智慧之基，曰戒曰定。如是三学，次第应修。先持净戒，并习禅定。乃得真实，甚深智慧。

依此智慧，方能利生。犹如莲华，不着于水。断诸分别，舍诸执着。如实观察，一切诸法。

心意柔软，言音净妙。以无碍眼，等视众生。具修一切，难行苦行。是为成就，菩萨之道。

我与仁等，多生同行。今得集会，生大欢喜。不揆肤受，辄述所见。倘契幽怀，愿垂玄察。

——大华严寺沙门慧幢撰

弘一

117

《淡斋画册》题偈

镜花水月，当体非真。

如是妙观，可谓智人。

题陈师曾荷花小幅

师曾画荷花，昔藏余家。癸丑之秋，以贻听泉先生同学。今再展玩，为缀小词。时余将入山坐禅，慧业云云，以美荷花，亦以是自劢也。——丙辰寒露。

一花一叶，孤芳致洁。

昏波不染，成就慧业。

弘一

118

《护生画集》题词 附马一浮居士序

华严家言："心如工画师，能出一切象。"此谓心犹画也。古佛偈云："身从无相中受生，犹如幻出谓形相。"此谓生亦画也。是故心生法生，文采彰矣。各正性命，变化见矣。智者观世间如观画然，心有通蔽，画有胜劣。忧喜仁暴，唯其所取。今天下交言艺术，思进乎美善，而杀机方炽，人怀怨害，何其与美善远也！月臂大师与丰君子恺、李君圆净，并深解艺术，知画是心，因有《护生画集》之制。子恺制画，圆净撰集，而月臂为之书。三人者，盖夙同誓愿，假善巧以寄其恻怛，将冯兹力，消彼犷心，可谓缘起无碍，以画说法者矣。圣人无己，靡所不己。情与无情，犹共一体，况同类之生乎？夫依正果报，悉由心作，其犹埏埴为器，和采在人。故品物流形，莫非生也；爱恶相攻，莫非惑也；蠕动飞沉，莫非己也；山川草木，莫非身也。以言艺术之原，孰大于此？故知生则知画矣，知画则知心矣，知护心则知护生矣。吾愿读是画者，善护其心。水草之念空，斯人羊之报泯。然后鹊巢可俯而窥，沤鸟可狎而至，兵无所容其刀，兕无所投其角，何复有递相吞噉之患乎？月臂书来，属缀一言。遂不辞葛藤，而为之识。

——戊辰秋七月，蠲叟书

119

衆生

是亦眾生　與我體同
應起悲心　憐彼昏蒙
普勸世人　放生戒殺
不食其肉　乃謂愛物

一　众生

是亦众生，与我体同。应起悲心，怜彼昏蒙。

普劝世人，放生戒杀。不食其肉，乃谓爱物。

弘一

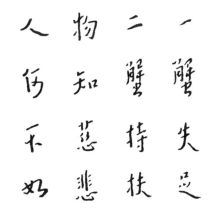

生的扶持

一蟹失足
二蟹持扶
物知慈悲
人何不如

二　生的扶持

一蟹失足，二蟹持扶。物知慈悲，人何不如。

今日与明朝

日暖春風和　策杖遊郊園
雙鴨泛清波　群魚戲碧川
為念世途險　歡樂何足言
明朝落網罟　繫頸陳市廛
思彼刀砧苦　不覺悲淚潛

弘一

三　今日与明朝

日暖春风和，策杖游郊园。双鸭泛清波，群鱼戏碧川。

为念世途险，欢乐何足言。明朝落网罟，系颈陈市廛。

思彼刀砧苦，不觉悲泪潜。

母之羽

感應類鈔云眉州鮮于氏因合藥碾一蝙蝠為末及和劑時有數小蝙蝠圍聚其上面目未開蓋識母氣而來也一家為之灑淚今略擬其意作母之羽圖

雛兒依殘羽
殷殷戀慈母
母亡兒不知
猶復相環守
念此親愛情
能勿淒心否

四 母之羽

雏儿依残羽，殷殷恋慈母。母亡儿不知，犹复相环守。念此亲爱情，能勿凄心否？

——《感应类钞》云："眉州鲜于氏，因合药碾一蝙蝠为末，及和剂时，有数小蝙蝠，围聚其上，面目未开，盖识母气而来也。一家为之洒泪。"今略拟其意，作母之羽图。

今日尔喫他
將来他喫尔
循環作主人
同是親与子

參用宋黄庭堅詩句
日本風俗有以雞肉与卵置於飯
上而食之多名親子丼親謂父母
子謂兒女丼乎彼邦俗解謂是闬
製大盌也雞為親卵為子以此二物
共置盌中故曰親子丼

五　亲与子

　　今日尔吃他，将来他吃尔。循环作主人，同是亲与子。

　　——参用宋黄庭坚诗句。——日本风俗有以鸡肉与卵，置于饭上而食之者，名亲子丼。亲谓父母，子谓儿女。丼者，彼邦俗解，谓是陶制大碗也。鸡为亲，卵为子，以此二物，共置碗中，故曰亲子丼。

麟為仁獸，靈秀所鍾。不踐生草，不履生蟲。繫吾人類，應知其義。舉足下足，常須留意。既勿故殺，亦勿誤傷。長我慈心，存我天良。

兒時讀毛詩麟趾章，注云麟為仁獸不踐生草不履生蟲。余諷其文深為感歎四十年來未嘗忘懷今撰護生詩歌引述其義後之覽者幸共知所警惕焉

六 仁兽

麟为仁兽, 灵秀所钟。不践生草, 不履生虫。

繫吾人类, 应知其义。举足下足, 常须留意。

既勿故杀, 亦勿误伤。长我慈心, 存我天良。

——儿时读《毛诗·麟趾章》, 注云: 麟为仁兽, 不践生草, 不履生虫。余讽其文, 深为感叹。四十年来, 未尝忘怀。今撰护生诗歌, 引述其义, 后之览者, 幸共知所警惕焉。

児戲其一

教訓子女宜在幼時
先入為主終身不移
長養慈心勿傷物命
充此一念可為仁聖

七　儿戏

教训子女，宜在幼时。先入为主，终身不移。

长养慈心，勿伤物命。充此一念，可为仁圣。

沈溺

莫謂蟲命微
沉溺而不援
應知惻隱心
是為仁之端

八 沉溺

莫谓虫命微，沉溺而不援。应知恻隐心，是为仁之端。

若谓青蝇污
挥扇可驱除
岂必矜残杀
伤生而自娱

暗殺甚一

九 暗杀

若谓青蝇污，挥扇可驱除。岂必矜残杀，伤生而自娱。

落花辭枝
夕陽欲沉
裂帛一聲
凄入秋心

訣別之音

十 诀别之音

　　落花辞枝，夕阳欲沉。裂帛一声，凄入秋心。

生離嘗惻惻
臨行復回首
此去不再還
念兒兒知否

生離欤？
死別欤？

十一 生离欤？死别欤？

生离尝恻恻，临行复回首。此去不再还，念儿儿知否。

倘使羊識字

羊肉大減

倘使羊識字
淚珠落如雨
口雖不能言
心中暗叫苦

十二　倘使羊识字

倘使羊识字，泪珠落如雨。口虽不能言，心中暗叫苦。

弘一

吾不忍其縠觫

無罪而就死地

普勸諸仁者

同發慈悲意

乞命

十三 乞命

吾不忍其縠觫，无罪而就死地。普劝诸仁者，同发慈悲意。

忆昔襁褓时，尝啜老牛乳。年长食稻粱，赖尔耕作苦。念此养育恩，何忍相忘汝。

西方之学者，倡人道主义。不啗老牛肉，淡泊乐蔬食。卓哉此美风，可以昭百世。

十四 农夫与乳母

忆昔襁褓时，尝啜老牛乳。年长食稻粱，赖尔耕作苦。念此养育恩，何忍相忘汝。

西方之学者，倡人道主义。不啗老牛肉，淡泊乐蔬食。卓哉此美风，可以昭百世。

景象太悽惨
傷心不忍覩
夫復有何言
掩卷淚如雨

十五 示众

景象太凄惨, 伤心不忍睹。夫复有何言, 掩卷泪如雨。

134

喜慶的代價

喜氣溢門楣
如何慘殺戮
唯欲家人歡
那管畜生哭

弘一

十六　喜庆的代价

喜气溢门楣，如何惨杀戮。唯欲家人欢，那管畜生哭。

135

好花经摧折
曾无几日香
颣頧賸残姿
明朝棄道旁

残废的美

十七　残废的美

　　好花经摧折，曾无几日香。颣頧剩残姿，明朝弃道旁。

136

生機

小草出墙腰
亦復饒佳致
我為勤灌溉
欣々有生意

十八 生机

小草出墙腰,亦复饶佳致。我为勤灌溉,欣欣有生意。

人在牢獄　終日愁歘
鳥在樊籠　終日悲啼
聆此哀音　凄入心脾
何如放捨　任彼高飛

囚徒之歌

十九　囚徒之歌

人在牢狱，终日愁歘。鸟在樊笼，终日悲啼。

聆此哀音，凄入心脾。何如放舍，任彼高飞。

夕日落江渚
炊煙起村墅
小鳥亦歸家
殷殷戀舊主

投宿

二十　投宿

夕日落江渚, 炊烟起村墅。小鸟亦归家, 殷殷恋旧主。

139

人不害物
物不驚擾
猶如明月
眾星圍遶

雀巢可俯而窺

二十一　雀巢可俯而窥

　　人不害物，物不惊扰。犹如明月，众星围绕。

诱杀

水邊垂釣　閒情逸致
是以物命　而為兒戲
刺骨穿腸　於心何忍
頓發仁慈　常起悲愍

二十二　诱杀

　　水边垂钓，闲情逸致。是以物命，而为儿戏。

　　刺骨穿肠，于心何忍。愿发仁慈，常起悲愍。

141

汝自問心　判其是非

人命則貴　物命則微

彼有何辜　受此荼毒

始而倒懸　終以誅戮

二十三　倒悬

始而倒悬，终以诛戮。彼有何辜，受此荼毒。

人命则贵，物命则微。汝自问心，判其是非。

見其生不
忍見其死
閒其聲不
忍食其肉
應起悲心
勿貪口腹

二十四 尸林

　　见其生不忍见其死, 闻其声不忍食其肉。应起悲心, 勿贪口腹。

開棺

恶臭陈秽
何云美味
掩鼻伤心
为之堕泪
智者善思
能毋悲愧

二十五　开棺

恶臭陈秽, 何云美味。掩鼻伤心, 为之堕泪。智者善思, 能毋悲愧。

残杀百千命

完成一襲衣

唯知求適體

豈毋傷仁慈

布葛可以代綺羅冬畏寒

者宜衣駝絨以代絲綿

蠶的刑具

二十六 蚕的刑具

残杀百千命，完成一袭衣。唯知求适体，岂毋伤仁慈。

——布葛可以代绮罗，冬畏寒者，宜衣驼绒以代丝棉。

弘一

145

昨晚的成绩

是为恶业　何谓成绩
宜速忏悔　痛自呵责
发起善心　勤修慈德

二十七　昨晚的成绩

　　是为恶业，何谓成绩。宜速忏悔，痛自呵责。发起善心，勤修慈德。

勿谓善小
不乐为之
惠而不费
亦曰仁慈

惠而不费

二十八　惠而不费

勿谓善小，不乐为之。惠而不费，亦曰仁慈。

醉人与醉蟹

肉食者鄙 不为仁人
况复饮酒 能令智昏
誓於今日 改过自新
长养悲心 成就慧身

二十九 醉人与醉蟹

肉食者鄙，不为仁人。况复饮酒，能令智昏。

誓于今日，改过自新。长养悲心，成就慧身。

忏悔

人非聖賢 其孰無過
猶如素衣 偶著塵涴
改過自新 若衣拭塵
一念慈心 天下歸仁

三十　忏悔

人非圣贤，其孰无过。犹如素衣，偶著尘涴。
改过自新，若衣拭尘。一念慈心，天下归仁。

弘一

盛世樂太平 民康而物阜
萬類咸喁喁 同浴仁恩厚
昔日互殘殺 而今共愛親
何分物與我 大地一家春

三十一 冬日的同乐

盛世乐太平，民康而物阜。万类咸喁喁，同浴仁恩厚。

昔日互残杀，而今共爱亲。何分物与我，大地一家春。

老鸭造象

罪恶第一为杀　天地大德曰生
老鸭札札　延颈哀鸣
我为赎归　畜于灵囿
功德迥施群生　愿悉无病长寿

戊辰十一月余乘番舶见有老鸭囚于樊将赍送他乡以饷病者谓食其肉可起沉痼余悯鸭老而将受戮乃乞舶主为之哀请以三金赎老鸭归属子恺图其形补入画集聊志遗念

三十二　老鸭造象

罪恶第一为杀，天地大德曰生。老鸭札札，延颈哀鸣。

我为赎归，畜于灵囿。功德回施群生，愿悉无病长寿。

——戊辰十一月，余乘番舶，见有老鸭囚于樊，将赍送他乡，以饷病者，谓食其肉，可起沉痼。余悯鸭老，而将受戮，乃乞舶主，为之哀请，以三金赎老鸭，归属子恺图其形，补入画集，聊志遗念。

151

揚枝淨水
一滴清涼
遠離眾苦
歸命覺王

放生儀軌若放生時應以
楊枝淨水為物灌頂令其
消除業障增長善根

淨揚
水枝

三十三 杨枝净水

杨枝净水,一滴清凉。远离众苦,归命觉王。

——放生仪轨,若放生时,应以杨枝净水,为物灌顶,令其消除业障,增长善根。

《护生画集》题赞

李丰二居士，发愿流布《护生画集》，盖以艺术作方便，人道主义为宗趣。每画一叶，附白话诗，选录古德者十七首，余皆贤瓶闲道人补题。并书二偈，而为回向。

我依画意，为白话诗。意在导俗，不尚文词。

普愿众生，承斯功德。同发菩提，往生乐国。

《续护生画集》题偈

一 中秋同乐会

朗月光华，照临万物。山川草木，清凉纯洁。

蠕动飞沉，团圞和悦。共浴灵辉，如登乐国。

二 鹬蚌相亲

世间有渔翁，鹬蚌始相争。若无杀生者，鹬蚌自相亲。

三 归市

尔不害物，物不害尔。杀机一去，饥虎可尾。

四 凤在列树

凤鸟来仪，兵戈不起。偃武修文，万邦庆喜。凤兮凤兮，何德之美。

甲戌初夏大病有欲延医者说偈谢之

阿弥陀佛，无上医王。舍此不求，是谓痴狂。

一句弥陀，阿伽陀药。舍此不服，是谓大错。

临灭二偈

君子之交，其淡如水。执象而求，咫尺千里。

问余何适，廓尔亡言。华枝春满，天心月圆。

《印光法师文钞》题赞

"是阿伽陀,以疗群疚。契理契机,十方宏护。普愿见闻,欢喜信受。联华萼于西池,等无量之光寿。"

庚申暮春,印光老人文钞镌板,建东、云雷,嘱致弁辞。余于老人向未奉承,然尝服膺高轨,冥契渊致。老人之文,如日月历天,普烛群品,宁俟鄙倍,量斯匡廓。比复敦嘱,未可默已。辄缀短思,随喜歌颂。若夫翔绎之美,当复俟诸耆哲。

——大慈后学弘一释演音稽首敬记

弘一

155

弘一《无上功德》五言联

無上慧堅固

大方廣佛華嚴經句

功德華莊嚴

歲次鶉火姜仲 晚晴老人

弘一《华严经》摘句

放大光明百千億滅除一切眾生苦

華嚴經句 沙門一音

得離苦　安樂但頭眾生　不為自己求

華嚴經句 仁言

其心大歡喜 大方廣佛華嚴經集句

於世起慈悲 勝華居士 朗誉 月臂

弘一《华严经》摘句　　　　　　弘一《其心于世》五言联

碑　铭

玉泉居士墓志铭

　　居士姓吴，字建东，梵名演定，闽浦城杨溪尾人。改元后七年，余始剃染，与程子中和住玉泉，闻居士名。逮及岁晚，乃获展晤，深以忻喜，因共栖止。居士闻法最早，乐玩般若，于"凡所有相，皆是虚妄"句，常致三复。程子专讽《华严》，后出家字曰弘伞，与余同师门也。翌年冬，结期修净业。十二月八日共燃臂香，依天亲《菩提心论》发十大正愿。居士先一夜未尝睡眠，惟持佛号。尔后道念日进，盖善友同集，互以策励而致之也。余尝披《灵峰宗论》法语示居士，览未终卷，自谓心意澄澈，异于平时。历数日，入市求橘。童子昂其直，居士瞋诃，遂复常度。辛酉季春，余徙永嘉，掩室城寮，盖由居士为之绍介。尝致书曰：凡所需求，无虑难继，有某在耳。后五载丙寅，余归钱塘，乃知居士先已迁谢。居士貌温和而性刚直，守正不阿，好义忘利，年未四十，遂尔淹逝。知其人者，悉为叹惋。住玉泉久，自号玉泉居士。今岁丙子，介弟涧东夫妇为卜葬于玉泉寺畔青石桥石虎山中，属铭于余。因忆往事，粗述其概，系以铭曰：

　　常乐出家，勤修佛法。胜业未就，薤露朝溘。

　　冀其再来，乘愿不忘。一闻千悟，普放大光。

清故渊泉居士墓碣

渊泉居士姓蔡,讳宗沉。诸暨月陇村人,累世力田,勤苦自给。居士生有异禀,从塾师读三四年,已能为括帖文。逮入邑庠,遂厌弃之。率意怀素狂草,颇得错综变化之妙。精篆刻,偶作小印,识者珍焉。顾性傲岸,未肯下人。荐绅咸畏惮,不获于世,坎壈而终。维时逊国后三年,岁次甲寅,春秋六十有一。先娶斯孺人,继配金孺人,生子冠洛。十载孺人殉,由是不再娶。破屋瓦灶,一灯荧荧。养媳稚儿幼女,蓬发跣足其侧。居士手持《金刚般若波罗蜜经》,为之讲说曰:圣道在是矣。今岁五月,冠洛书来,陈述轶事。以彼父母,悉积善业,世称其德,久而勿衰。近将合葬濮院之原,愿乞题碣,亦犹亡亲得闻难闻法也。冠洛字丏因,博学能文,笃信佛乘,为余善友。重韪其意,略记遗行,附以偈曰:

金刚般若,是最上乘。圆顿极谈,实相正印。居士往昔,植般若因。故于此生,获逢妙典。

愿当来世,更值胜缘。得闻净土,归元捷径。般若开解,净土导行。解行相资,犹如目足。

命终见佛,华敷上品。早成正觉,广利含识。今依圣教,聊述津要。惟冀见闻,同证菩提。

——岁次辛未,沙门演音书

云洞岩鹤鸣祠记

戊寅岁晚，筑祠云岩，将以祀明蔡鹤峰大儒，并清略庵居士。时余方览《王遵岩集》，有寿鹤峰布衣序，因得窥其所学，粹然一出于道。略庵居士好善乐施，惠及乡里，并以学行垂诸不朽。余维暗短，未能歌赞令誉。敬书佛号，以斯功德，回向菩提，并愿见闻，同植胜因，齐成佛道云。

——一音

重兴草庵碑

草庵肇建，盖惟宋代。逮及明初，轮奂尽美。有龙象岩，其地幽胜。尔时十八硕儒，读书其间，后悉进登，位跻贵显。殿供石佛，昔为岩壁，常现金容。因依其形，劚造石像。余题句云："石壁光明，相传为文佛现影。史乘载记，于此有名贤读书。"盖记其事也。胜清御宇，寝以零落，昔日金刹，鞠为茂草。中华建业十二载，瑞意、广空上人，伤其废圮，发意重兴。绵历岁时，营治堂宇。壬申十月，复建意空楼三楹，虽未循复旧观，亦可粗具规范。余于癸丙之际，岁暮春首，辄居意空，淹留累月，夙缘所在，盖非偶然。乃为述记，垂示来叶焉。

——于时二十五年，岁次玄枵，慧水瑞集岩大华严寺沙门演音撰

弘一

160

福州怡山长庆寺修建放生园池记

闽中自唐以来，梵宇林立，禅德辈出，故放生之风，迄今犹盛。然偶兴恻隐，舍资买放，未见为难，必也栖游得所，护育得人，俾能全其生命，终彼天年，而放生本愿乃始无遗憾矣。福州西郊怡山长庆寺，又名西禅寺，唐咸通间，懒安禅师开山，绵及于今，千有余载，为闽省一大丛林。寺中旧有放生所，废圮殊甚。十六年岁次丁卯，罗铿端、陈士牧居士游怡山，见而感喟，乃倡议募资，重为修建。逮己巳春，渐次兴修。园在大雄殿西，计两进，先将首进牛马猪栏，加以修整，使毋相践触，设槽分饲，使毋相贪争。次修建鹅鸭房三楹，并凿小池，以供饮浴。修池边亭，以资乘凉。又其西二进，旧为斋工房，全部圮毁。今修建楼房三楹，右为洋楼，左为工役房，中贮草料。其对向处，建鸡房四室，亭中围以竹栏，为群鸡饮啄之所。甲戌春，又辟西边墙外空地，建念佛堂，上下四间。下为堂主僧寮，上供西方三圣。住数僧，每日诵经念佛，俾彼物类，恒聆梵音，渐消业障。乙亥年夏，复于寺西近后山边，围以巨墙。约四十丈，建立收养野犬所。至是放生园工程略备矣。放生池旧有二所，一较小者，在明远阁前，今以专收鳝鳖之属。其一大池，在山门内，方百丈。昔租与农民畜鱼牟利。及十七年戊辰，智水方丈舍衣砵资赎回，唯已畜池中之鱼，尚待募款筹赎。时本山护法陈承裘居士女宝瑛，梦偕其女佣至一寺前池畔，见有多人网捕。或问此池鱼鬻于何处？女佣答云：是皆吾家主母出资所购者。及醒，告其女佣，而女佣谓同时亦有是梦，乃共惊叹。旋闻怡山有募款赎鱼之事，适与梦境符合。因发心独舍巨资，向农民购赎全池

之鱼，永禁网捕。此当时赎池购鱼之事实也。池之西北，以寺前围墙为界，其东南两面则与民池相连。赎池购鱼之次岁己巳，曾编竹为篱围之，计长六十五丈，以御洪流，并防偷盗。又于池边建两屋，右佛堂，左寮房，为僧念佛看护之所。历时既久，竹篱破损，不堪修葺。岁己卯冬，诸善信等谋于永心方丈暨众檀护，协力筹募，改建砖墙。而工程浩大，募资匪易。因是砖墙介于两池，堤岸甚狭，须由池底立椿，垒石为基，乃可建筑。工未及半，复以时事变乱，物价工资超于预算逾倍，几至束手无策。幸各方善信深明此举为挽回劫运枢机，乃共勉力施舍巨资，卒告成焉。并于池之中央，造七如来塔一座，永昭供养，利益群生。又建第一山门于池左，复沿池岸筑甬道，直达旧山门，而壮观瞻。放生池工程于斯圆满成就矣。计园池修建前后历十余年，费资万余金。罗铿端、陈士牧居士始终董其务。近述修建经过事迹，请撰碑记，垂示来叶。爰依其草稿，略为润色。并书写刊石，以志赞喜云。

——华民三十一年岁集壬午夏六月，南山律苑沙门演音

崔孝子碑铭

崔母殁明年，岁次星纪，孝子以疾卒。方疾笃时，梦中常呼母。问之，曰："见先母及金银索。"弥留之夕，心无贪恋，默念佛名，怛尔而化，时十四年六月二十一日也。孝子名祥鸿，字旻飞，一字演默居士，皖太平人。幼通世典，中年学佛。其事母也，敷演教义，生其信解，书写经咒，利其读诵，临终称佛，助其正念，胜行瑞应。余昔撰《崔母往生传》，具详之矣。孝子性仁厚，克尽伦常之道。逮孝子亡，殓于阼，吊者数百，皆哭之恸。春秋三十有六。娶汪，赓娶江林。子五人，女二。铭曰：

人子于父母，服劳奉养以安之，孝也。立身行道以显之，大孝也。劝以念佛法门，俾得生净土，大孝之大孝也。云栖法语，垂训如是。若崔孝子，孝行复止，当来成佛，普利含识。多生父母，悉得安乐，大哉孝也。我深随喜，聊彰胜躅，以昭万祀。

163

中祥符朗月照禅师塔铭

吴嘉禾间，将军郑平舍宅建大中祥符禅寺，胜境标绝，为三衢诸刹之冠。绵世寖远，盛衰之跡，靡得详考。清道光中叶，住持僧某，重葺梵宇，敷扬洪业。兴继之美，见述后代。百年已来，玄风堕替，金刹废圮。其有嗣徽绪于往哲，穆道俗以归怀。崇振颓流，阐固法道。若朗月照禅师者，诚末化之芬陀，昏途之宝炬矣。师讳能照，字朗月，一字天心，家浙江江山，族周氏，髫龀之岁，投诣祥符，出家披剃，长禀具足于钱塘长庆律寺。二十三，任副寺，作务劬勤，行业贞简。后十五年，嗣法住持，严勒清规，增置寺田，缮治祖堂丈室十数楹。自奉俭约，未尝虚糜僧物。性觥寂静，晨灯夕昏，晏坐斗室，披寻群典，以自娱适。老儒吴子弓、汪鞠如辈，时叩禅寮。师便延召，披襟致契，谈笑竟夕。宰官缙绅，数数参访者，辄屏不纳。抗行峻节，与世寡和，有古德之遗风焉。宣统二年，僧聚集会兴学，延师长其事，固辞不就，而楷定章则，求觅典籍，悉力任之。上海赈济会，募资于衢，师为倡缘，不足，自捐巨金，实其数。爱人之周，皆类此也。师于徒众，督课勤肃。再传弟子永祚，根性聪利，师尝器许，提奖道趣，接诱无倦。寺役龚叟，人至朴质，侍师日久，尝教念佛，注心西极，今犹传诵遗德，称道不衰，夙志参学，寺务羁制，未遂其愿。今岁三月。师寿五十，屏除庆祝之文，先期子身如钱塘，将艤舟天目，以盗乱未宁，旋归三衢。五月四日，示微疾，自知不起，诏命弟子，承嗣寺业。弥留之夕，神志清澈。遗嘱修葺大殿，改建斋厨，乃吉祥卧，泊然迁化。时十二年岁在癸亥七月十八日也。师住世时，博览内外玄籍，于大慧《禅林宝训》，

164

尤所心折。病卧之暇，披检研味，常不释卷。既而龛殓，乃举《宝训》，供置灵右，慰其幽魂焉。世寿五十，法腊十有二年。弟子妙玄，再传永祚、永仁等。是岁十一月十二日，严霜之晨，葬于鹿鸣山登高亭下。余以宿缘，承侍窆礼，睇朝阳之颓景，悼至人之殂化。辄从眷徒，略承遗德，深心追往，寄怀毫素。乃为铭曰：

　　住持之道，宝训其资。尔既末运，圣教陵迟。

　　至人示生，绍承法位。不务荣名，不干时贵。

　　卓哉师德，季叶之贤。淳心独得，唯宗是编。

　　标举一行，以该万德。旌彼幽光，百世昭式。

——大慈沙门昙昉撰并书

165

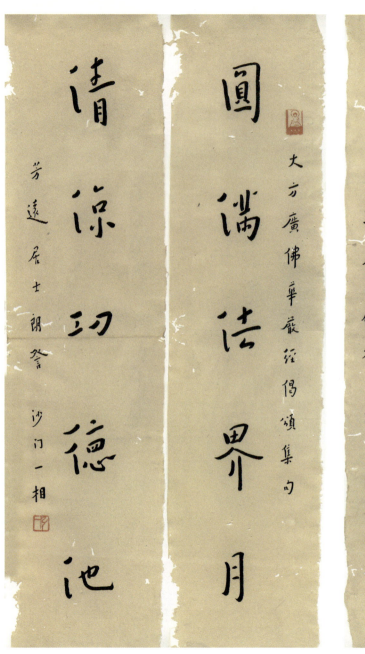

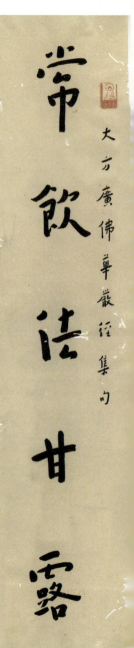

弘一《圆满清凉》五言联　　　　　　　　弘一《常饮安住》五言联

记 事

西湖夜游记

　　壬子七月，予重来杭州，客师范学舍。残暑未歇，庭树肇秋，高楼当风，竟夕寂坐。越六日，偕姜、夏二先生游西湖。于时晚晖落红，暮山被紫，游众星散，流萤出林。湖岸风来，轻裾致爽。乃入湖上某亭，命治茗具。又有菱芰，陈粲盈几。短童侍坐，狂客披襟，申眉高谈，乐说旧事。庄谐杂作，继以长啸，林鸟惊飞，残灯不华。起视明湖，莹然一碧。远峰苍苍，若现若隐，颇涉遐想，因忆旧游。曩岁来杭，故旧交集，文子耀斋，田子毅侯，时相过从，辄饮湖上。岁月如流，倏逾九稔。生者流离，逝者不作。坠欢莫拾，酒痕在衣。刘孝标云："魂魄一去，将同秋草。"吾生渺茫，可喟然感矣。漏下三箭，秉烛言归。星辰在天，万籁俱寂，野火暗暗，疑似青磷。垂杨沉沉，有如酣睡。归来篝灯，斗室无寐，秋声如雨，我劳何如？目瞑意倦，濡笔记之。

惠安弘法日记

后二十四年乙亥四月十一日夕,自泉州南门外,乘古帆船航海。

十二日晨,到崇武,改乘小舟。风逆浪大,午前十时抵净峰寺。

十六日,往崇武,居普莲堂。

十七日、十八日、十九日,讲《三皈五戒》《观音菩萨灵感》及《净土法门》等。

十九日下午,返净山。

二十一日,为亡母冥诞,开讲《华严经·普贤行愿品》。五月一日讲竟。

初三日,为灵峰蕅益大师圣诞,午后讲大师事迹。

六月七日,始讲《四分律戒本疏行宗记》。(二十一日,第二册讲竟。)

七月三十日,为地藏菩萨圣诞,午后讲《九华山示迹大意》。

八月五日,为亡父讳日,开讲《普贤行愿品偈颂》,七日讲竟。听者甚众,大半为耶教徒也。

二十三日,性愿老法师到净峰。二十五日,请讲《佛法大要》。

二十七日,请师往崇武晴霞寺,代余讲《法华经·普门品》。

二十九日,讲讫,每日听众百人左右。

十月,将去净峰留题云:"乙亥四月,余居净峰,植菊盈畦,秋晚将归去,犹复含蕊未吐,口占一绝,聊以志别:我到为植种,我行花未开。岂无佳色在,留待后人来。"

二十二日，去净峰，到惠安城，遇诸居士留宿。

二十日上午，到科峰寺讲演，并为五人证受归依。下午到泉州。

十一月十九日，复到惠安城，寓黄善人宅。

二十日，到科峰寺讲演，并为十人证受皈依。

二十一日上午，为一人证受皈依。下午乘马，行二十里，到许山头东堡，寓许连木童子宅。

二十二日，在瑞集岩讲演。

二十三日、二十四日，在许童子宅讲演，并为二十人证受皈依及五戒。

二十五日上午，到后尾，寓刘清辉居士菜堂，下午讲演。

二十六日上午，到胡乡，寓胡碧莲居士菜堂，下午开讲《阿弥陀经》。

二十八日，讲经竟，为十七人证受皈依及五戒。

二十九日上午，到谢贝，寓黄成德居士菜堂。三十日讲演。

十二月初一日上午，到惠安城，寓李氏别墅，今为某小学校。

初二日，到如是堂讲演，听众近百人。

初三日，到泉州，卧病草庵。

弘一

壬丙南闽弘法略志

壬申十月，在厦门妙释寺，念佛会期讲《净土法门大意》。

十二月，同上，讲《人生之最后》。

癸酉正月十二日，同上，讲余之《改过实验谈》。

正月二十一日始，在妙释寺开讲《四分律含注戒本》及《戒相表记》，至二十五日，初、二篇讲讫。

三月九日，在万寿岩讲《随机羯磨》，至五月八日，上卷讲讫。

四月七日，在万寿岩讲《地藏菩萨灵感》。

八日，讲授三归依大意。

五月十五日，在泉州大开元寺讲《放生与杀生之果报》。

闰五月五日，同上，讲《敬三宝》。

六日，同上，讲《佩玉编》共数次。

七月十一日，在承天寺讲《常随佛学》。

同日，在大开元寺讲《读诵华严经文之灵感》。

七月下旬，同上，讲《梵网戒本》。七日讫。

八月十一日，同上，讲《普贤行愿品》大意，三日讫。

八月二十四日，同上，续讲《四分律含注戒本》及《随机羯磨》。十月初三日讫。

十一月十五日，在草庵讲《梵网戒本》，三日讫。

十二月一日，讲《药师经》，三日讫。为故瑞意法师回向菩提。

除夕夜，同上，讲蕅益大师《普说》二则。

甲戌元旦，在草庵开讲《随机羯磨》初、二篇，十四日讲讫。

十九日、二十日，补讲。

二十一日，为蕅益大师涅槃日，讲大师遗作二首。

三月十八日，在南普陀寺讲《行事钞大盗戒》，四月六日讲讫。

七月，讲《一梦漫言》，半月余讲讫。

十一月，万寿岩开创念佛堂，讲说三日。

除夕夜，在万寿岩念佛堂讲说。

乙亥元旦，在万寿岩开讲《阿弥陀经》，七日讫。

二月，在泉州温陵养老院讲说。

二月，在开元慈儿院讲说。

二月，在大开元寺念佛会讲说。

三月，在大开元寺讲《一梦漫言》，半月讫。

十月，在承天寺戒坛讲《律学要略》三日。

十一月，同上，讲参学。

除夕，在草庵病榻讲说。

闰三月一日，在南普陀寺开讲《四分律含注戒本》二篇，半月讲讫。

五月，在鼓浪日光岩讲《净土法门大意》。

行脚散记

癸酉十一月十一日居草庵。十五日讫二十日讲《梵网经戒本》，十二月一日讫三日讲《药师经》，回向故瑞意法师。（二月二日复念佛回向。）除夕夜讲蕅益大师《普说》二则。甲戌元旦讫十四日讲《四分律羯磨》初、二篇。十九日、二十日讲《羯磨》。二十一日为蕅益大师涅槃日，设供并请大师遗作《祭颛愚大师文》《德林座右铭》二首。二十二日夜与大众行蒙山施食，回向鬼众及草庵已故诸蜜蜂等。二月三日之厦门南普陀寺开讲《四分律行事钞资持记》，为书弘律愿誓句，并记二月余行事，赠芳远居士，以为遗念焉。

——沙门演音，时五十又五

疏　启

绍兴开元寺募建殿堂疏

　　绍兴开元寺，建于梁天监中。当昔全盛之时，金刹梵宇，峻极云表，实为爽垲栖心之所。开堂接众，数逾千百。道风蔚盛，冠于东浙。二千年来，兴衰之迹，记载阙佚，未由详考。今所存者，有乾隆四十五年宋明府拨田开元常住碑记，寻绎词旨，悉可粗其概末焉。清季以来，寖以零落，殿梁摧朽，金像颠覆（罗汉堂中五百罗汉大半残阙），池桥之胜，崩榛引塞（普渡桥、万工池皆为昔放生之所，今唯存基地）。岁月骛过，芳流歇绝，不其惜乎？比者，闻愿法师卓锡其间，将集善侣，重建殿堂，乃制缘册，倡募资财，余以凤庆，至德同时，预奉余论，顶戴踊跃，辄述缘起，为弁册首。建立佛塔僧坊，福德之殊胜者，冀诸善侣，铭佩仁诱，共加宏赞也。

——于时岁在昭阳报沙月，释昙昉书于西安莲花寺

173

学南山律誓愿文

时维辛未二月十五。

本师释迦牟尼如来般涅槃日，弟子演音，敬于佛前发弘誓，愿从今日，尽未来际，誓舍身命：

拥护弘扬，南山律宗。愿以今生，尽此形寿。

悉心竭诚，熟读穷研，南山《钞》《疏》，及《灵芝记》。

精进不退，誓求贯通。编述《表记》，流传后代。

冀以上报三宝深恩，下利华日僧众。

弟子所修，一切功德，悉心回向，法界众生。

同生极乐莲邦，速证无上正觉。

南山律苑住众学律发愿文

中华民国二十二年，岁次癸酉五月二十六日，即日历五月初三日。恭值灵峰蕅益大师圣诞。学律弟子等，敬于诸佛菩萨祖师之前，同发四弘誓愿已，并别发四愿：

一愿学律弟子等，生生世世，永为善友，互相提携，常不舍离。同学毗尼，同宣大法，绍隆僧种，普利众生。

一愿弟子等学律及以弘法之时，身心安宁，无诸魔障，境缘顺遂，资生充足。

一愿当来建立南山律院，普集多众，广为弘传。不为名闻，不求利养。

一愿发大菩提心，护持佛法，誓尽心力，宣扬七百余年湮没不传之南山律教，流布世间。冀正法再兴，佛日重耀。并愿以此发宏誓愿，及以别发四愿功德，乃至当来学律一切功德，悉以回向法界众生。惟愿诸众生等，共发大心，速消业障，往生极乐，早证菩提。伏乞十方一切诸佛

本师释迦牟尼佛

极乐世界阿弥陀佛

观世音菩萨摩诃萨

地藏菩萨

南山道宣律师

灵芝元照律师

灵峰蕅益大师，慈悲哀愍，证明摄受！

学律弟子　演音弘一　性常宗凝

照融广洽　传净了识

传正心灿　广演本妙

寂声瑞真　寂明瑞曦

寂德瑞澄　腾观妙慧

寂护瑞卫　广信平愿

175

佛華嚴經云了
知一切空無我慈
念眾生恒不捨

弘一《华严经》摘句

弘一《究竟清凉》斗方

传　略

记厦门贫儿舍资请宋藏事

二十二年夏历六月，厦门妙释寺募资乞请宋碛砂藏。既已倡布，于十五日，有贫母携儿诣僧房中，舍资一圆，谓愿以此助请宋藏。何人施? 曰: 小儿施。问: 是一圆何因而得? 曰: 曩母常持一钱与儿，自求所须，儿不靡用，乃以聚贮。母数之与，绵历岁时，始为暂盈一圆。久置儿怀，视若球璧。今日侍母诣寺礼佛，闻他人言募请宋藏，欢忻舞跃，叹为胜缘，遂舍所宝而随喜焉。儿衣敝衲，赤足无屦，未及童年，名武彝也。

庖人陈阿林往生传

陈阿林，名修量，瑞安下林乡人。幼业烧瓦，后居城下寮掌斋厨。辛酉三月，余来温城，始识阿林。面黄颧削，无福德相。入侍饮膳，常合掌致礼。食竟撤盂皿，辄视余面目。久不瞬，如童騃。见余食少，愀尔改容，必穷其故。旧病肺喘咳嗽不已，然操作勤苦，未尝以是介意焉。夕飧后，恒侍僧众诵《阿弥陀经》，持佛名号，吭声凄紧，声绝同侣。新岁十日辍职。越二日，来寮检取衣被，恋恋不忍去。适有佛事，须人助治，乃暂止焉。留滞数日，未尝言对。十六日午，捧面器入余室，着新絮袍，冠履襟带，仪观至伟，相顾而喜，且谓不复去矣。后闻人言阿林是夕归家，宿疾转剧。二月初七晨，属人瀹汤，自濯巾沐浴已，卧床念

178

佛，泊然而化，阅世三十有一。

赞曰：阿林治庵城寮，先后二年，非勤修净行者。然观其生死之际，脱焉无所累。人谓阿林愚，是其所以不可及也夫。

蒋妙修优婆夷往生传

蒋氏，法名妙修，慈溪观海卫前人。二十岁，嫁沈君。二年，夫亡，无子女，遂茹素念佛。先住药王殿二十年，其后移居鸣鹤场金仙寺又二十年。专修净业，始终无懈，乡人咸敬仰之。改元后十九年岁次庚午，年七十一。春二月，病足，念佛益勤，冀早往生极乐。十一月初五日，延僧众结七念佛，时痛苦已除，神志宁静。云数日以来，佛常现在其前。至初九日晨九时三刻，合掌云：吾去矣。正念分明，安详而逝。历六小时，顶门犹温。其时静权法师在金仙寺讲《地藏经》，余亦随侍讲席。蒋氏将谢世时，法师为开示净土要义。逮及殓尸殡葬，法师与余洎同本寺僧众三十余人躬亲送之。余于是年九月居金仙寺，时蒋氏病未剧，犹能坐起诵经，其后命终乃至殡葬，余悉目见。为记其事，以示后世。

记陈敬贤居士轶事

十六年丁卯二月，余在杭州，云居山常寂光寺。敬贤居士过谈，所言皆禅理。余劝以净土法门，未能契也。戊辰以后，余数至闽南，时敬贤方习止观，时时询除瞋习法。因检贤首

《梵网疏》示之，颇为首肯。尔后音问久疏，闻人言其居杭州复习秘密部。甲戌九月十九日，共存（敬贤之子）至南普陀后山石室，余问敬贤近状，彼谓已遵印光法师教导专修净业矣，余为庆悦。翌岁乙亥，敬贤来书，谓十数年彷徨歧路，近始一心专修净业，迩来工夫颇能得力，并乞结夏杭州，为彼讲解菩萨律仪。余以先受惠安净峰请，答简谢之。后数月居焦山。复绍二友致书与余，咨询念佛方法，其于净业，可谓专且笃矣。敬贤既殁，林德曜居士嘱为挽章，乃摭拾轶事所及知者，粗述梗概焉。

——后二十五年岁次玄枵，月旅姑洗，晋水南山律苑沙门一音书

法空禅师传

师讳今实，惠安陈族。十六落发，常诵《金刚》《法华》。胁不着席，食不逾午。严冬之际，屏除冠履，苦行精进，迈于恒伦。改元后七年戊午，远适庇能，建观音寺。庇能为英吉利属海峡，闽粤商者习称槟城。其地繁盛，而乏游观之所。师以极乐寺前多旷土，乃发宏愿，营筑苑囿，集诸宇内珍禽奇兽，靡资巨万，尽其轮奂之美。师故善知物性，抚摩虎犴，若玩掌珍。海南诸粟散王，乃至欧美名士游庇能者，悉踵师门，展谒礼敬。或致简牍，达其诚款。以是盛誉及于万国，闻师名者，咸生欢喜。师又工书，下逮武技幻术，靡所不谙，震域彼土，或值灾祲，或筑学黉集会演技而求资者，师每佐助，复施财宝。凡所希求，皆令满足。彼土报章，竞致赞颂。中外士庶，仰之若慈父母焉。岁次辛未，师返南闽，施千金石

鼓，修置杂物，而利行者。时以墨妙，颁致诸山。其得之者，珍逾球琳。今岁丙子三月，示疾迁化，春秋五十有九。师之奇行瑰节，辄有轶于常轨，岂余凡愚可得窥测所及知者，巍巍德量，弘廓渊冲，高山仰止，未能忘怀耳。赞曰：

一人首出，万类归依。化及禽兽，恩洽蛮夷。

人谓菩萨，亦云力士。随机所见，称名致美。

如天覆物，若海朝宗。化迹昭垂，亿劫攸崇。

附记

是岁九月二十一日，值师冥诞。其夜，余梦晤师，谈笑甚欢。师言：近立名曰雅山，余谓未可。为易平山，又虑与平山堂相滥，复更云平冈。因共榻眠，摩抄其背，师大忻悦。余亦寤觉，时残月照屋梁，方五更耳。

——演音附记

陈复初居士往生传

居士讳克贤，浙江天台人。世业儒，父榜山公，德学卓著，矜式乡里。居士少读儒书，工文辞。天性仁厚，乐为人排难解纷。尝入市拾巨金，访其遗者还之。贾于仙居，受厚俸。值母许氏小疾，遂辞返，不复远游。其孝思纯笃如此。天台质肆，昔有陋规，苦偪贫民。居

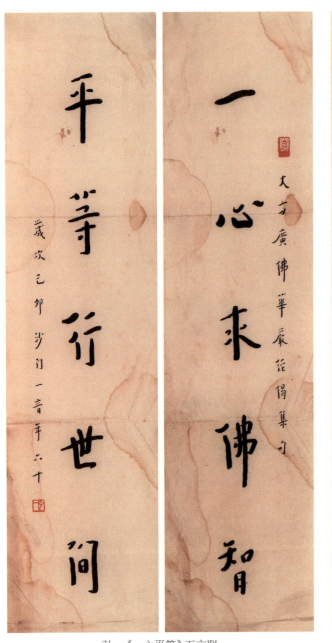

平等行世間　一心求佛智

歲次己卯沙門一音年六十

大方廣佛華嚴經偈集句

弘一《一心平等》五言联

極樂世界阿彌陀佛

覺林居士供養

丁丑沙門晉音書

弘一《极乐世界阿弥陀佛》

士恫其弊，乃私撰状，告于有司，规废，人无知其为者。晚岁览《安士全书》，归信佛法。二十八年配茅氏，勤俭治家，长斋奉佛，族党称其贤。子四：立鳌、立超、立鼎、立钧。女一。立鳌字海量，别字普悲，曩居南闽，从余修学。尔以书来，述居士懿德，并立钧童子生西瑞相，请为之记。俾示子孙，世知奉佛。因书其概，委如别记云。

附：立钧童子生西事略

居士四子立钧，童年信佛。在学黉，劝人念佛，从者綦众。偶小妄言，立鳌哂之，童子大惭不自容。宿慧盖有在也。二十九年夏，病肺亡。先自云：见观世音菩萨放白光，将导之往。因起坐，复曰：我乘白光去。口念佛不辍，遂尔坐化。历时久，顶门犹温，往生极乐，盖无可疑。世寿十五龄。为附记传末，以示来哲焉。

——于时三十年岁集鹑尾，大慈沙门一音撰并书

本妙法师往生传

本妙，名广演，一字白云，南闽同安人，幼时丧母。改元后十六年，师十八岁。游厦门万寿岩，获晤真常老人，因从剃染，明年受具足戒。十八年参兴慈法主，深以契合，遂即依止，常侍讲席。未几，万寿老人示寂，护法缁素请师返南闽，乃归任万寿住持，并重兴同安梵天寺。劳瘁致疾，于二十五年二月七日谢世。先二日预知时至，付嘱寺务并勖徒众。逮及

七日午后二时，端坐念佛，含笑迁化。历四时余，顶门犹温暖，往生极乐，有诚正矣。春秋二十有七。师根性聪利，侍兴慈法主未久，遂能精通教义，辩才无碍，有如老宿。盖多生薰习，岂偶然耶? 著《心经论解》一卷，序跋甚繁。于师行迹言之详委，故今不复述焉。

——岁次玄枵木槿荣月，惠安瑞集岩大华严寺沙门胜祐

泉州万寿岩瑞山禅师生西传

师名寂精，字瑞山，姓柳氏，惠安县人。业制黎祁，眷属悉习蔬食。二十九岁，南安雪峰寺转初法师莅惠安讲《阿弥陀经》，师闻法发心出家，遂依剃染。既受具戒，乃随喜江浙禅席。三觐普陀，并礼五台、九华诸胜，尔后归卧南闽，水边林下，高蹈息止，闲云野鹤，未足喻其疏旷焉。师于禅宗故事，多所记诵，而惟归心极乐，化导后进，亦以远名利勤念佛，谆切策励，不作玄颐之说。晚岁恒居禾山万寿岩。时有群寇执刃，入岩劫剽。师趺坐泰然，称诵佛号。群寇遍巡寺舍，不及师室，遂免于难。逊国后二十二年岁在癸酉，嘉平月首，示微疾。师先与了智上人居万寿久，友爱厚笃。既示疾已，时相瞻视。十三日语上人云: 数载道侣，复历三日，当别离矣。上人诫其专意净念，毋生恋着。乃大欢喜。屏绝医药，一心念佛，蕲向安养。万寿诸上人亦资助称念，昼夜靡懈。逮十六日晨六时，安详舍报，气息不属，唇吻掸动犹复未已。历时既久，肢体悉冷，顶门温暖，容采朗润。往生极乐，信有征矣。春秋五十有七。余于壬申十月始识师，方觌面时，师呼善来，有如旧友。同居半载，罕有言说。观其风仪俊逸，动止闲适，有以异于常人，深致敬礼。师既迁化，从了智上人咨其遗事，略诠次第，为赞述焉。

了识律师传

师名传心，字了识，姓柳氏，晋江县人。父母皆域外医士，师幼亦习其术。十六年岁次丁卯，游禾屿，晤了智上人，愿依出家。上人谦谢，乃介于定贤和尚，落发染衣，愿为同门昆季焉。而于上人犹尊以师礼，上人亦督责备至，无少宽假。师尝欲习应俗忏仪，上人厉声诃云：初始出家，何无志气若此，必欲尔者，可归俗家去。师乃忏悔谢罪。既具戒已，上人命侍兴慈法主讲席。师性聪慧，锋辨天逸。从学数载，淹通教义，登座覆讲，妙尽渊旨。复往观宗，参谛闲、摩尘诸老宿。尝辑录《十界十如略释表》，观宗学社为之刊布。二十一年壬申，余居万寿，始与师识，深相契合。逮及岁晚，病肺偃卧，览余所述人生最后章，因兴朝露溘至之感，乃屏医药，专诵佛名。翌年癸酉，余讲律于妙释、万寿、开元诸刹，师力疾往听。自是严持戒规，逾午不食。日诵义净三藏所传《华严十回向品》《自誓受菩萨戒发愿文》等，以为恒课。六月疾剧，八月就医禾屿，遂迁逝焉。春秋二十有七。

心灿禅师往生传

师名传正，字心灿，姓叶氏，台湾冈山郡湖内庄人。弱冠之岁，诣打鼓岩元亨寺，礼开专和尚披剃。十三年岁次甲子，至厦门南普陀寺，入景贤佛学社，亲承性愿法师。未久，复侍法师往泉州月台。乙丑秋，往福州大雪峰寺禅堂，修习禅定，后任斋堂行食，苦节卓绝，众所称赞。庚午岁暮，返厦门，居万寿岩。及妙释寺复兴，师往司香灯事，时余常至妙释，

185

随喜念佛，因与师识。癸酉正月，创讲律会，历妙释、万寿、开元、南陀，师悉预焉。尝标点《行事钞资持记》二十巨册，并录科文。正襟危坐，秉笔终日。点画端严，毫末不苟，历十数月，乃获卒业。其任事庄敬有恒，类如此也。甲戌仲夏，律会罢讲，师亦卧病。余劝其屏弃医药，专持佛名。师韪余言，精进不懈，疾遂差除，容采焕发，胜于平日。自谓专一念佛，身心安宁，获益甚大，乃以报缘垂尽，不久复病，缠绵未已。一日过余石室，稽首伏地，泪下如雨，云将归台岛矣。逮及岁晚，获其二简：一谓病危，受恩未报，愧泪告别；一谓谢世，遗嘱代讣。二简所述，一日间事。病危为十二月十二日，谢世为十二夜也。余复乞人致言台岛，询其详委。续获报书，曰师返台岛，居大岗山超峰寺。同门昆季心耀上人，侍奉周至。命终之际，为集数僧，助其念佛。由是乃正念现前，朗诵佛名，安详而逝。春秋三十有七。师方在俗，即奉佛茹素。出家而后，异于常伦。昔讲律会中，多绩学聪辨之士。师处其间，沉默谦冲，不露圭角。随众进退，碌碌无所表建，人或以是轻之。而居心诚实，罔谙机巧，出言朴质，有似讷涩。事上以恭，不事谄谀。交友以敬，不生妒嫉。从善如流，无有疑贰。闻过则喜，未尝瞋怨。自甘淡泊，远离权门。严护威仪，莫敢放逸。高风贞节，旷世希见。人谓师愚，岂非其愚不可及耶？余与师识，未及三载。于其心迹，知之独详。故并记之，以垂范来叶焉。

——南山律苑沙门一音撰

崔母往生传

后十三年岁次玄枵，九月二十二日，崔母没世。子祥鸿述其遗行，乞文传焉。母为南皖太平孙君德甫长女，适同邑崔处士注川。处士少而穷悴。同光之际，迁居芜湖，设肆贸易，乃渐饶盛。崔母治家勤苦，一粟一缕无虚縻。处士尝曰：吾家致富，资于内助也。为人靖默寡言笑。年逾六十，姑嫜犹诃责，恂恂承事，若不及焉。去八年，从禹王明禅师咨禀戒法。蔬食念佛，求生安养。先不识字，近学《阿弥陀经》《心经》《大悲咒》等，悉能依文一一读诵。精进之力，轶于常伦。禀质未丰，而罕患恼。今岁正月，歘尔汗出不可止，神心懵闷，殆及于危。命迎尼众，念佛一七日，小得康损。八月，请陀罗尼被至，母为喜跃，因习《华严》《法华》二偈。九月二十日，复示微疾，绝食噉。后二日初夜，进粥小盂，众且度其疾寝愈矣。顷之，命将坐床首，目瞩佛堂，凝视不晌，家人骇遽，环跽悲泣。母振手以止，又矗一掌若礼佛状，唇吻引翕，持诵佛号，安详平坐，奄然从化。及历时久，全躯悉冷，顶门温暖，往生西方，盖无疑矣。春秋七十有九。子三：祥鸠、祥鹃、祥鸿。女一，归江氏。孙十三人，曾孙一人。

——永宁晚晴院沙门论月撰

十诵律云佛在门罗昆国见寺门楣下有损乃自修之

四佛云洗病比丘自看病
治比丘病汲金清净数衣以
西域记云柏东北有塔印如来洗病
此塔处又云如来在日有病比丘立舍苦
狗寄佛问汝何所苦我今举我今看池
视佛愍而告曰善哉汝我今看池
性瘀懒不耐看病故今与疾无人瞻

五佛自为老比丘穿针
捡查原文僧甚多今以志记出何径律不乱
佛言汝作衣须我国目昏老未
能以缘穿针孔中为欲息曰谁肯为我
穿针传闻立即立一起曰我为汝穿之等

六佛自气僧举过

七佛及弟子等结夏安居竟具仪
自恣时比僧一阿含经云佛生草庵
报辛度数世其地已胜世故告诉比丘言我今
答於众人平又双犯身口意等如是至
遇答於众人平又双犯身口意等如是至
三重芝律师云如来亲自恣北示同凡
法故乘范继世致令累省已故使折戒

如是比重莫若仁七勉力匪学远班
憍慢增长悲心广植福业速证
菩提学为全所惊颂者耳

补 遗

　　余撰《崔母往生传》，多所阙略，今复缀集，条析诠录，而补遗焉。岂曰详尽，亦率所闻，记其梗概以彰胜缘耳。

　　母在世时，迟明而作，深夜方寝。资生杂物之属，尽心护惜，毋致污损。尝曰：所费未妨，惟勿暴殄。屈己下物，不轻贫贱。村野信佛老女，面目黧黑，衣履垢敝，来展问者，常留与共寝。语儿孙曰：毋慢视若辈也。晚岁已来，乐为世善。命三子月奉资财数千，持以施布。不喜杀生，常行放救。仁慈之德，悉是类矣。

　　五年之前，受三归五戒，梵名融量。初闻佛法，小有迟疑，祥鸿为之曲喻善释，及滞情涣然，一心念佛。诵读经咒，皆由祥鸿手写大字，便其寻识。又讲说法味谈因等，母聆受忘疲，常自庆幸。今年释迦牟尼佛诞，命讲说《戒杀放生文》，召集家人，共听闻焉。既习《华严》《法

常随佛学

癸酉七月十一日在泉州承天寺
为约年诸学僧讲 胜臂记

华严行愿品来卷西列十种广大行
愿中第八四常随佛学者谓如华严经
文所戴释迦神通妙用决非凡夫所
能证学但曼他经律等戴佛所行
事有之我辈凡夫作横岂论何
人皆可随学北亦愿见三今且奉
六事

一佛自掸地
根本india一切有部毘奈耶杂事云
世尊在逝多林见地不净即自執
箒欲掸林中时舍利子方目健连
大迦叶阿难陀等诸大声闻见已皆
共执箒扫除已入食堂中就座
而坐佛告诸比丘扫掸地者有五胜利一
者自心清净二者令他心净三者诸天
欢喜四者植端正业五者终之后
当生天上

二佛自舁 吾舍即共举亡自
洗水 扛抬也

五分律佛制啟酒戒缘起云 毘伽
陀心降龙故浮酒醉衣钵纵
横佛与阿難舁至井边件自邹下

华》二偈已，朝夕持诵。并以二偈及《心经》《往生咒》等，转授侍者杨媪。往生前数日，祥鸿中夜无寐，犹闻殷勤授读声也。九月初旬，未有患病，卒检服着宝饰严身之具，分布子女。逮往生之日，亦询晷漏数量，殆豫知时至邪。正月二日大病，家人惶惴。母曰：献岁方始，不令汝等有哀恸事也，旋即除愈。九月疾作，未至危笃，不以介怀。命终之夕，神志弥朗。暨扶掖端坐，又复歠水小量。倏忽之顷，目瞤不晌，乃惊其状有异矣。命终而后，迄于掩敛，面貌朗润，无殊生前。祥鸿于七七日，诵《地藏菩萨本愿经》《佛说无常经》各四十九遍，《佛说阿弥陀经》《金刚般若波罗蜜经》各百遍，及《妙法莲华经》《佛说无量寿经》《佛说观无量寿经》《大方广佛华严经入不思议解脱境界普贤行愿品》等，并持阿弥陀佛名号，地藏菩萨名号各数万遍。以是功德，回向亡母。冀华开见佛，早证菩提。

弘一

189

论　述

饲鼠免鼠患之经验谈

　　昔贤谓以饲猫之饭饲鼠，则可无鼠患。常人闻者罕能注意，而不知其言之确实有据也。余近独居桃源山中甚久，山鼠扰害，昼夜不宁。毁坏衣物等无论矣。甚至啮佛像手足，并于像上落粪。因阅旧籍，载饲鼠之法，姑试为之，鼠遂渐能循驯，不复毁坏衣物，亦不随处落粪。自是以后，即得彼此相安。现有鼠六七头，所饲之饭不多，仅供一猫之食量，彼六七鼠即可满足矣。或谓鼠类生殖太繁，未来可虑。今就余年余之经验，虽见屡产小鼠甚多，然大半殇亡，存者无几，不足虑也。余每日饲鼠两次，饲时并为发愿回向，冀彼等早得人身，乃至速证菩提云云。

普劝出家人常应受八戒文

　　八戒正为在家二众而制，但出家五众亦可受之。如《药师经》谓："苾刍、苾刍尼（即是比丘、比丘尼）等有能受持八分斋戒，求生极乐世界而未定者，若闻药师琉璃光如来名号，临命终时，有八大菩萨乘神通来示其道路，即于彼界种种杂色众宝华中自然化生。"以此经文证之，可知出家之人亦应受持八戒。虽八戒戒相，于比丘戒或沙弥戒中已具，今为令功德增上，故不妨再受八戒也。

八戒通大小乘。小乘者，如《成实论》等。大乘者，即菩萨八戒，如《文殊问经》及《八种长养功德经》（此经余已书写，佛学书局流通）所明。吾等既已受菩萨戒，今受八戒亦即是大乘八戒也。

受八戒之时日，或每月六斋日受，或每日受（长期），悉可随意。

若长期受者，或每日晨起受一次（限于一日夜），或数日数月而总受之（例如欲连续受一月者，于第一日晨朝发心受时，陈明一月。则此一月限内皆有效，不须再受），悉可随意。

受八戒时，可以在佛像前自誓受。

受时，限于晨朝，或因事须延至日午前后乃受者，必须于晨朝心念：决定今日受八戒。如此作意，虽延时缓受，无妨也。

受戒之文，或依《随机羯磨》所载，或依《八种长养功德经》文，悉可随意。

若依《随机羯磨》文而自誓受者，应略删改。如净行优婆塞，应改为净行菩萨，或改为净行出家优婆塞。又如说戒相文中，每条有"能持不？答言"五字皆删去（因自誓受故）。又离高胜床上坐，今以因缘不具，未能十分如法（床足太高），于此条戒相说毕，下文"能持"二字不说，可改为"离高胜床上坐，今仅能随分受持。作倡伎乐，故往观听，能持"。又受毕发愿之文，可以改为"愿我临欲命终时"四偈及"我此普贤殊胜行"一偈，或有人欲用原文者，亦善。

受持八戒之受法详解，并其功德，广如《羯磨疏记》及《行事钞记》等所明。自披寻之。

持非时食戒者应注意日中之时

比丘戒中有非时食戒，八关斋戒中亦有之。日中以后即不可食。又依《僧祇律》日正中时名曰时非时，若食亦得轻罪，故知进食必在日中以前也。

日中之时，俗称曰正午。常人每用日晷仪置于日光之下，俟日晷仪标影恰至正午，即谓是为日中之时，因即校正钟表，以此时为十二点钟也。然以此方法常常核对，则发见可怀疑者二事：一者，虽自置极正确精良之钟表，常尽力与日晷仪核对，其正午之时每与日晷仪参差少许不能符合。二者，各都市城邑之标准时钟，如上海江海关大自鸣钟等，其正午之时亦每见其或迟或早，茫无一定也。今说明其理由如下：

依近代天文学者言，普通纪日之法皆用太阳，而地球轨道原非平圆，故日之视行有盈缩，而太阳日之长短亦因是参差不齐。泰西历家以其不便于用，爰假设一太阳，即用真太阳之平均视行为视行，称之曰平太阳。平太阳中天时谓之平午，校对钟表者即以此时为十二点钟。若真太阳中天时则谓之视午，就平午与视午相合或相差者大约言之，每年之中，唯有四天平午与视午大致相合，余均有差。相差最多者平午比视午或早十五分或迟十六分，其每日相差之详细分秒皆载在吾国教育部中央观象台所颁发之历书中。

若能了解以上之义，于昔所怀疑者自能祛释。因钟表每日有固定同一之迟速，决不许参差，而真太阳日之长短则参差不齐，故不能以真太阳之视午而校正钟表，恒定是为十二点钟也。其各都市城邑之标准时钟皆据平午，以教育部历书核对即可了然。

佛法僧

勝華居士 礼敬供養

己卯元旦 沙門一音書

弘一《佛法僧》

吾人持非时食戒者，当依真太阳之视午而定日中食时之标准，决不可误据平午而过时也，至于如何校正钟表可各任自意。或依平午者宜购求教育部历书核对，即可知每日视午之时。若如是者，倘自置精良正确之钟表，则可不必常常校正拨动。否则仍依旧法，以日晷仪之正午而校正钟表，恒定是为十二点钟，此亦无妨。但须常常核对日晷仪，常常拨动钟表时针。因如前所说真太阳日之长短参差不齐，未能如钟表每日有固定同一之迟速也。又近代天文学者以种种之理由而斥日晷仪所测得者未能十分正确，此说固是，但其差舛甚微，无足计也。

学有部律入门次第

学有部律者，与学四分、十诵等异。彼则章钞繁杂，条理纷糅。斯乃专宗律文，唯依自部。故义净三藏云：出家之侣，各依部执。又云：神州——终身。凡是制作——归矣（文）。今承是义，略述入门次第。中人之资，依斯修习，二年可讫。以视他部，难易迟迅，较然大殊矣。

余初学律，绵涉数载，忘前失后，难卒检究。尔后撮要编录，乃获领悟，贯其条理。编录之法，诚学律者之局镳矣。今述次第，即依是法。综通始末，以贻来叶，知所归趣焉。若有他人已编就者，先不宜披阅，必须自费一番心力，别为编录，乃能获其实益也。

应先熟读背诵《苾刍戒经》，并参阅律摄。初阅律摄，未能一一了解。于其不解者略之。有部律典,常州刻经处大半刊讫。其未刊者,可检阅大藏。

次阅《苾刍毗奈耶》五十卷、《尼毗奈耶》二十卷,并撮要编录。参考灵峰《阅藏知津》挈录经文大纲之法,及余所编《四分律比丘戒相表记》。

次阅《破僧事》二十卷,《药事》十八卷,《出家事》四卷,《安居事》一卷,《随意事》一卷,《皮革事》二卷,《羯耻那衣事》一卷,《杂事》四十卷,《尼陀那》五卷,《目得迦》五卷,并撮要编录。是中《杂事》《尼陀那》《目得迦》,宜别分类编定目次,以便检寻。

次阅《百一羯磨》十卷,并撮要编录,又别依摄颂,编略注本。

次阅《南海寄归内法传》四卷,择其关于律学者,撮要编录。并阅《护命放生轨仪法》一卷,《受用三水要行法》一卷,《说罪要行法》一卷。

次编《毗奈耶颂略注》。

次编《律摄表记》(律摄原文有繁衍者,应加删削。若太简略,未易明了者,参考他书增补)。并编《苾刍戒经》含注本。

元拔合思巴集《出家授近圆羯磨仪范》一卷,《苾刍习学略法》一卷,并属此部,亦宜参阅。

《佛学大辞典》中,律宗名义颇为详备,应别请觅,以供检寻(上海静安寺路三十九号医学书局译刊)。

昔义净三藏法师,学于西域二十五年,该通三藏,而偏精律部。翻出有部律文十九部,

195

百九十八卷。又别撰《内法传》等四部，七卷。译缀之暇，曲授学徒。凡所行事，皆尚急护。漉囊涤秽，特异常伦。学侣传行，遍于京洛。泥洹而后，斯宗遂衰。妙典无传，琅函久锢，不其惜欤。余以凤幸，尝预钻仰，忧其坠失，矢愿弘布。既集犯相摘记一卷、自行抄一卷，并述斯文，录于卷末。俾初心者，始涉有津。敢以暗短，光显法门。振其绝绪，当复俟诸后贤矣。

案：文中破折号或为删省之原文，以——代之。

余弘律之因缘

初出家时，即读《梵网合注》，续读《灵峰宗论》，乃发起学律之愿。受戒时，随时参读《传戒正范》及《毗尼事义集要》。

庚申之春，自日本请得古版南山灵芝三大部，计八十余册。

辛酉之春，始编成《戒相表记》，六月第一次草稿乃讫。以后屡经修改，手抄数次。

是年阅藏，得见义净三藏所译《有部律》及《南海寄归内法传》，深为赞叹。谓较旧律为善，故《四分戒相表记》第一、二次草稿中，屡引义净之说，以纠正南山。其后自悟轻谤古德有所未可，遂涂抹之。经多次删改，乃成最后之定本。

以后虽未敢谤毁南山，但于三大部仍未用心穷研。故即专习有部律。二年之中，编有部犯相摘记一卷、自行抄一卷。

徐蔚如居士创刻经处于天津，专刻南山宗律书，费资数万金，历时十余年，乃渐次完成。徐居士其时始闻余宗有部而轻南山，尝规劝之。以吾国千余年来秉承南山一宗，今欲弘律，宜仍其旧贯，未可更张。余于是有兼学南山之意，尔后此意渐次增进。至辛未二月十五日乃于佛前发愿：弃舍有部，专学南山，并随力弘扬，以赎昔年轻谤之罪。

昔佛灭后九百年，北天竺有无著、天亲等兄弟三人。天亲先学小乘而谤大乘，后闻长兄无著示诲，忏悔执小之非，欲断舌谢其罪。无著云：汝既以舌诽谤大乘，更以此舌赞叹大乘可也。于是天亲遂造五百部大乘论。余今亦尔。愿尽力专学南山律宗，弘扬赞叹，以赎往失。此余由新律家而变为旧律家之因缘，亦即余发愿弘南山之因缘也。

《华严经》读诵研习入门次第

读诵研习，宜并行之。今依文便，分为二章。每章之中，先略后广。学者根器不同，好乐殊致，应自量力，各适其宜可耳。

——龙集辛未首夏沙门亡言述

第一章　读诵

若好乐简略者，宜读唐贞元译《华严经·普贤行愿品》末卷（即是别行一卷，金陵版最善，共一册）。唐清凉国师曰：今此一经，即彼四十卷中第四十也。而为《华严》关键，修行枢机，文约义丰，功高德广。能简能易，惟远惟深，可赞可传，可行可宝。故西域相传云：《普贤行愿赞》为略《华严经》，《大方广佛华严经》为广《普贤行愿赞》。

或兼读唐译《华严经·净行品》。清徐文霨居士曰：当以《净行》一品为入手，以《行愿》末卷为归宿。又曰：《净行》一品，念念不舍众生。夫至念念不舍众生，则我执不破而自破。纵未能真实利益众生，而是人心量则已超出同类之上。胜异方便，无以逾此。

以上二种，宜奉为日课。此外，若欲读他品者，如下所记数品之中，或一或多，随力读之。《菩萨问明品》《贤首品》《初发心功德品》《十行品》《十回向品初回向章》《十回向品第十回向章》《十忍品》《如来出现品》，以上皆唐译。若欲读全经者，宜读唐译（扬州砖桥法藏寺版最善，共二十册）。徐居士曰：读全经至第五十九卷《离世间品》毕，宜接读贞元译《普贤行愿品》四十卷，共九十九卷，较为完全。盖《入法界品》，晋译十七卷，唐译二十一卷，皆非全文。贞元译本乃为具足。不独末卷十大愿王为必读之文，即如第三十八卷《文殊答善财修真供养》一章，足与末卷广修供养文互相发明，同为要中之要。而晋、唐二译皆阙也（贞元译《普贤行愿品》亦法藏寺版，共十册）。

若有余力者，宜兼读晋译（金陵版共十六册）。徐居士曰：晋译亦宜熟读，盖贤首以前诸祖师引述《华严》，皆用晋译。若不熟读，则莫知所指。

第二章 研习

若好乐简略者，宜先阅《华严感应缘起传》（扬州版共一册）。

若欲参阅他种者，宜阅《华严悬谈》第七部类品会、第八传译感通二章（金陵版共八册，此二章载于卷二十五）。

全经大旨，《悬谈》第七品会抄文，已述其概。若更欲详知者，宜阅《华严吞海集》（金陵版共一册）。并宜略阅唐译全经一遍，乃可贯通。

若欲知《普贤行愿品》末卷大旨者，宜阅《普贤行愿品》第四十卷疏节录（附刊于下记之《华严纲要》）。又读他品时，宜阅《华严纲要》此品释文（北京版共三十二册）。

若更欲穷研者, 宜依《大藏辑要》目录提要 "华严部" 所列者随力阅之 (提要载于天津居士林林刊, 又转载于绍兴《大云杂志》)。更益以此宗诸祖撰述等, 兹不具录 (徐居士近辑《续大藏辑要目录提要》, 华严部详载之)。

　　《华严合论》最后阅之。徐居士曰: 所以劝学者研究华严, 先疏后论者, 以疏是疏体, 解得一分即获一分之益, 解得十分便获十分之益。终身穷之而勿能尽。纵使全不能解, 亦可受熏成种, 有益而无损。论是论体, 利根上智之士, 读之有大利益。而初心学人于各种经教既未深究, 于疏钞又未寓目, 则于论旨未易领会。但就论文颟顸笼统读去, 恐难免空腹高心之病。莲池大师谓统明大意, 则方山专美于前。极深探赜, 强微尽玄, 则方山得清凉而始为大备。斯实千古定论, 方山复起, 不易斯言。

速見如來亦

量光具此普賢

最勝願

華嚴經句 庚辰

一音年六十又一

弘一 《华严经》摘句

琐　墨

赞地藏菩萨联跋语

多劫荷慈恩，今居永宁，得侍十年香火。

尽形修忏法，愿生极乐，早成无上菩提。

辛酉三月，余来永宁，居庆福寺，亲得瞻仰、礼敬、承事、供养地藏菩萨摩诃萨，并修《占察忏仪》。明岁庚午，首涉十载，自幸余生，获逢圣教，岂无庆跃，碎身莫酬，搅笔成辞，辄申赞愿。惟冀见闻随喜，同证菩提。

——己巳十月，时年五十，弘一

书昔人联语赠广洽法师跋

震川文句朋樽盛。

昌谷诗题旅壁多。

温州城中陋巷，有叶震昌小旅馆。房宇卑秽，与九竹相似，门贴此联。余昔过其处，为之惊叹。联为温州某君撰，固潦倒终身，怀才不遇者也。广洽法师慧览。

——一音书

弘一

202

为律华法师书律偈跋

名闻及利养，愚人所爱乐。

能损害善法，如剑断人头。

明诵帚道昉禅师，晋江溜澳人。住开元寺，尝以是偈铭诸座右。余初落发，亦书是偈，用自惕励。尔者，律华法师于是偈深为爱乐，复请书写。余嘉其志，赞喜无已。愿师自今以后，熟诵灵峰所撰《诵帚师传》。尽此形寿，奉为师范，如诵帚所行，一一追踪而实践之。甘淡泊，忍疲劳，精勤禅诵，唾弃名利。以冰霜之操自励，以穹窿之量容人。亲近善友，痛除习气，勇猛精进，誓不退惰。余所期望于师者至厚，所遵仰于师者至高，故不觉其言之缕缕也。

——沙门一音

集华严偈赠巨赞法师跋

开示众生见正道。

犹如净眼观明珠。

去岁，万均法师著《先自度论》，友人坚执是余撰。余心异之，而未及览其文也。今岁，法师复著《为僧教育进一言》，乃获披览，叹为希有，不胜忭跃。求诸当代，少有匹者。岂余暗识，所可及也。因呈拙书，以志景仰。

——丁丑三月，集《华严》偈句，一音

203

圆照禅师封龛摄影题识

辛未九月十八日，虎跑定慧寺圆照禅师往生极乐。十九日请安心头陀封龛。说法既竟，与沙门栖莲、弘伞、弘一、居士徐仲荪合摄此影，以志遗念。

——演音

为广洽法师订日课附语

昔我灵峰老人三十三岁入灵峰有偈云：灵峰一片石，信可矢千秋。又云：聊当化城，毕兹余喘，自非乐土，终弗与易矣。余年已五十有六，老病缠绵，衰颓日甚。久拟入山，谢绝人事。因缘不具，卒未如愿。今岁来净峰，见二十八峰峦苍古，遂于四月十二日入山，将老于是矣。广洽法侣与余数载聚首，相契最深。送余入山居三日，将归禾屿。属定修持日课，为略书如下。

午前读《法华》一卷，阅《华严》一卷。

午后温习戒本《羯磨》，读《行愿》一卷。

余时默持佛菩萨圣号。

布萨日读《梵网戒本》一卷。

附记者，余昔向他处借藏经数十册，别记如下。谢世之后，希为检点分还，俾免散失。

弘一

204

《频伽大藏经》三十册（每十册为一帙，共三帙），乞送还承天寺。

《续藏经》四十九册，乞寄还温州大南门外庆福寺（交邮局挂号寄去。每七册为一包，共计七包。）

——岁次乙亥弘一演音书

乙亥草庵遗嘱 付传贯侍者

命终前，请在帐外，助念佛号，但亦不必常常念。命终后，勿动身体，锁门历八小时。八小时后，万不可擦身体及洗面，即以随身所著之衣，外裹破夹被，卷好，送往楼后之山凹中。历三日。有虎食，则善。否则三日后，即就地焚化，焚化后再通知他位，万不可早通知。余之命终前后，诸事极为简单，必须依行，否则是逆子也。

——演音启

昙昕释义

昙昕梵汉合立，晋魏六朝时高僧，颇有此类之名。阅《高僧传》可知，昙者，梵语具云昙无，亦云达摩，法也。昕者，汉语，朝也，日将出也。清初史学大家钱大昕，亦用此昕字为名，号曰晓徵。昙昕者，示法日将升，普照众生之义也。

——戊寅十二月初一日沙门一音识

附　录

弘一大师于民国三年，三十六岁时，所作歌谱手稿。

弘一大师于民国二年，设计之刊物封面图案

弘一

風雨凄其庵臨邸筒寄鉗周十
日黃花熱瓦影一霄笛月懶窺人泥
髹悵絨賣心出死拉四天寒夢不春
眼界大千吟漚海名誰惘悵无誰譬

弘一大師于光緒二十八年七月廿三日，
二十三歲時，題詩贈謝秋雲女史真跡。

金缕曲

清光绪三十年，大师二十五岁在上海时填词手迹。

光绪三十一年，大师二十六岁时，在上海填词手迹。

喝火令

故國鳴鷤鴂　垂楊有暮鴉　江山如畫日西斜　新月檏人凭入碧窗紗　隔上

青草樓頭艷，花落陽兒學琵琶不管冬青一樹屬離字不管冬

青樹底影事一些。

息霜

弘一大师于光绪三十二年，时年二十七岁填词手稿，作于天津。

落絮沾泥會有時
鬢絲禪榻最堪
思阿難一笑花偏
著合卻楞嚴覓道
師 曉漏過朝夢
已乖日高和酒泥
香懷不教名輩
輕揮扇縱憐鑪魚
亦復佳　季立秋節後
寄庵先生命忌寫趙秋谷詩

民国元年，弘公赠胡寄庵赵秋谷诗书法手迹。

212

弘一

樹仁暉歡雙樂
子王碩買郭和
郎那賣蔡阿樂
和連維那程相
主邊阿世和律

新嘉小品拓本　數種　明忩多暇
臨此遣悶　丙辰春分前六日　惠翁

民国五年，大师书法真迹。时年三十七岁。

「广平」系弱冠时制作，余皆出家后作品。

弘一

214

弘一大师于留学时期第一次作品。

跋 大方广室

　　溯二千四百余年之前，恒河释迦牟尼，曾以其悲智寂默之心，于菩提树下，说种种法，为人类思想，列一总纲。演传迄今，启迪无量，其真如至理，盖同金刚。虽拈而锤之，历千亿劫而弗阙也。今泰西思想之前进如罗素，尝赞叹称扬于不置。厥后流入东土，善男信女，供养膜拜，于其教理，罕加研讨，久沦迷信。绵历逮兹，虽其坠绪，恍惚微闻，究同风烛。未能普放大光，不其惜欤。详考此土千余年来，虽时有哲人崛起，担荷大担，于未绝宗门，发幽阐隐，又未能活用于社会人生。学者亦未能持此宝钥，此开思想捷径，其足述者，仅辅助人伦，臻于美善而已也。弘一大师为今震旦艺人，其心灵之高远广大，诚弗可臆测。中年舍俗披缁，寄身心于律乘，尝书"誓作地藏真子，愿为南山孤臣"句自勉。其玉洁冰清，坚苦卓绝，堪为人天表率。而艺术真谛，于此水净沙明，非仅厨川白村所谓苦闷之象征，更非声音绘画微技之所能肖焉。迩者，大师灭度，淹忽四稔，不佞以其言行芳轨，真不可取形相以喻其价值。爰竭绵力，辑集刊行，冀东西学者，得此以寓目者，不无裨益。至欲窥其全豹，而采以辅助思想方法者，则有待其《律藏丛书》之刊行矣。是不辞葛藤而为之跋也。

——李芳远书

校后补记

文钞校勘既竟，品思涵泳，深以弘公治学，虑深而体大，文炼而意丰，其表达古拙，精微卓越，迈逾古人，足以醒人眼目。惟于兴疑补阙之余（原版脱漏舛误不少），发现弘公作品湮没不传者匪尠。据此本自证，有目无文之作，佚失不明者，简列于斯。

一、音乐作品：伤春、宝刀歌、祖国歌、南京高师校歌（曲）。

二、文学作品：二十自述诗、金谷园曲、圣湖清芬草、李庐诗钟、秋草集。

三、金石：李庐印谱。

四、律学著作：有部犯相摘记、自行抄各一卷。

以上各篇，于弘公二十岁始，至圆寂为止，吾人缘吝，无从一识。除此而外，已佚之作而不知其目者，恐也非无；面对古人，难补全璧，惭怍奚如！

陈慧剑，丙辰，二月二十九日记

重刊后记

《弘一大师文钞》是弘一法师门人李芳远居士搜集其诗文编辑而成的一部文集，最早刊于1946年，当时多位名人皆受邀为之作序。后陈慧剑居士又于1982年在台北重刊。然流通稀少，世所罕见。

数年前，余得此书，拜读之后，欢喜无量，即欲重刊，几经周折，今年终得问世。该书中不少文章，现时流行之大师著作，都鲜有收录，其于研究大师一生思想和学习其精神品格都深有价值，实为至真至贵。

大师一生，成就非凡，绚丽无比，无需赘言。然世之人，慕其盛名者众，识其悲心者寡。大师文字三昧，实乃暗室之宝炬，苦海之津梁，愿识者宝之。

此次重刊，撷取大师墨宝若干，并收录《地藏菩萨九华垂迹图》，此图为卢世侯居士所绘，大师为之作赞，稀有难见，愿以此因缘而得广为流通。

祈愿常寂光中，弘公上人，慈悲护念，令一切有缘，皆蒙法益，同成佛道！

萧祥剑　岁次甲辰（公元2024年）地藏菩萨圣诞前一日

以戒為師

本輝法師
供養 一音

弘一《以戒为师》

© 团结出版社，2024 年

图书在版编目（ＣＩＰ）数据

弘一大师文钞 / 李叔同著 . -- 北京：团结出版社，2024.11
ISBN 978-7-5234-0829-2

Ⅰ . ①弘… Ⅱ . ①李… Ⅲ . ①李叔同（1880-1942）
- 文集 Ⅳ . ① C52

中国国家版本馆 CIP 数据核字 (2024) 第 039668 号

责任编辑：王思柠
封面设计：宋　萍

出　　版：团结出版社
　　　　　（北京市东城区东皇城根南街 84 号　邮编：100006）
电　　话：（010）65228880　65244790
网　　址：http://www.tjpress.com
E-mail：zb65244790@vip.163.com
经　　销：全国新华书店
印　　装：天宇万达印刷有限公司

开　　本：190mm×190mm　24 开
印　　张：11　　　　　　　　　字　　数：190 千字
版　　次：2024 年 11 月 第 1 版　　印　　次：2024 年 11 月 第 1 次印刷

书　　号：978-7-5234-0829-2
定　　价：128.00 元
　　　　　（版权所属，盗版必究）